Plätzchen, Kekse, Cookies & Makronen

Bassermann Inspiration

Inhalt

Mit Frucht & Nuss

Knackige und nahrhafte Köstlichkeiten
mit reichlich Früchten, Nüssen und Saaten

Polenta-Spritzgebäck mit Orange

ERGIBT 20–22 STÜCK

125 g weiche Butter
80 g Feinstzucker
1 TL Orangenblütenwasser
fein abgeriebene Schale von 1 unbehandelten Orange
2 Eier
160 g Weizenmehl
80 g Polenta (Maisgrieß)

Den Backofen auf 200 °C vorheizen. Zwei Backbleche mit Backpapier belegen.

Butter, Zucker, Orangenblütenwasser und Orangenschale in der Küchenmaschine glatt und cremig rühren. Die Eier sorgfältig unterrühren. Mehl und Polenta zufügen und mit der Pulse-Funktion einarbeiten, bis ein klebriger Teig entstanden ist.

Den Teig in einen Spritzbeutel mit 2-cm-Sterntülle füllen und 7 cm lange Bögen auf die vorbereiteten Bleche spritzen. Im vorgeheizten Ofen 15 Minuten backen, bis die Plätzchen am Rand leicht gebräunt sind. Einige Minuten auf den Blechen abkühlen lassen, dann auf ein Kuchengitter heben und vollständig erkalten lassen.

In einem luftdicht schließenden Behälter halten sich diese Plätzchen bis zu drei Tage.

Ingwerplätzchen mit Feigen

ERGIBT 36 STÜCK

160 g weiche Butter
140 g brauner Zucker
einige Tropfen Vanillearoma
1 Eigelb
100 g getrocknete Feigen, gehackt
80 g kandierter Ingwer, gehackt
210 g Weizenmehl
½ TL Natron
1½ TL gemahlener Ingwer

Den Backofen auf 180 °C vorheizen. Zwei Backbleche mit Backpapier belegen.

Butter, Zucker und Vanillearoma in einer Schüssel mit dem elektrischen Handrührgerät hell und cremig rühren. Das Eigelb kurz einarbeiten.

Feigen und Ingwer unterziehen. Das Mehl mit Natron und Ingwer darübersieben und alles mit einem Holzlöffel zu einem weichen Teig verarbeiten.

Esslöffelgroße Portionen vom Teig abstechen und zu Kugeln formen. In 4 cm großen Abständen auf die vorbereiteten Bleche setzen. Etwas flach drücken und im vorgeheizten Ofen 10–12 Minuten backen, bis die Plätzchen am Rand leicht gebräunt sind. Einige Minuten auf den Blechen abkühlen lassen, dann auf ein Kuchengitter heben und vollständig erkalten lassen. Mit dem restlichen Teig ebenso verfahren.

In einem luftdicht schließenden Behälter halten sich diese Plätzchen bis zu vier Tage.

Schoko-Cookies mit Müsli

ERGIBT 36 STÜCK

125 g weiche Butter
230 g brauner Zucker
einige Tropfen Vanillearoma
1 Ei
180 g Weizenmehl
1 TL Natron
40 g Kakaopulver
50 g Kokosraspel
130 g Früchte-Nuss-Müsli
250 g Zartbitterschokolade, gehackt

Den Backofen auf 180 °C vorheizen. Zwei Backbleche mit Backpapier belegen.

Butter, Zucker und Vanillearoma in einer Schüssel mit dem elektrischen Handrührgerät hell und cremig rühren. Das Ei kurz einarbeiten. Mehl, Natron und Kakao in eine zweite Schüssel sieben. Zusammen mit Kokosraspeln, Müsli und Schokolade zur Buttermasse geben und alles mit einem Holzlöffel zu einem weichen Teig verarbeiten.

Esslöffelgroße Portionen vom Teig abstechen und zu Kugeln formen. In 5 cm großen Abständen auf die vorbereiteten Bleche setzen. Etwas flach drücken und im vorgeheizten Ofen 12 Minuten backen, bis die Plätzchen knusprig und leicht gebräunt sind. Einige Minuten auf den Blechen abkühlen lassen, dann auf ein Kuchengitter heben und vollständig erkalten lassen. Mit dem restlichen Teig ebenso verfahren.

In einem luftdicht schließenden Behälter halten sich diese Cookies bis zu zwei Wochen.

Pistazien-Cookies mit Kardamomaroma

ERGIBT 30 STÜCK

250 g weiche Butter
80 g Puderzucker
einige Tropfen Vanillearoma
1 TL fein abgeriebene Zitronenschale
50 g Pistazienkerne, gehackt
280 g Weizenmehl
60 g Reismehl
1 TL gemahlener Kardamom

Zwei Backbleche mit Backpapier belegen. Butter, Zucker und Vanillearoma in einer Schüssel mit dem elektrischen Handrührgerät hell und cremig rühren. Zitronenschale und Pistazien unterziehen. Weizen- und Reismehl mit dem Kardamom darübersieben und mit einem Messer in schneidenden Bewegungen einarbeiten, bis ein weicher Teig entstanden ist. Mit Frischhaltefolie abdecken und 30 Minuten im Kühlschrank ruhen lassen.

Den Backofen auf 160 °C vorheizen. Esslöffelgroße Portionen vom Teig abstechen und zu Kugeln formen. In 4 cm großen Abständen auf die vorbereiteten Bleche setzen. Zu 4 cm großen Kreisen flach drücken und im vorgeheizten Ofen 15 Minuten backen, bis die Unterseite der Plätzchen leicht gebräunt ist. Einige Minuten auf den Blechen abkühlen lassen, dann auf ein Kuchengitter heben und vollständig erkalten lassen. Mit dem restlichen Teig ebenso verfahren.

In einem luftdicht schließenden Behälter halten sich diese Cookies bis zu drei Wochen.

Fenchelcracker

ERGIBT 40 STÜCK

50 g Feinstzucker
2 EL Sesamsaat
2 EL Fenchelsamen
180 g Weizenmehl
1 Prise Salz
60 ml Olivenöl
60 ml Bier
1 EL Anisschnaps

Ein Backblech dünn einfetten und mit Backpapier belegen. Zucker, Sesamsaat und Fenchelsamen in einer Schale mischen und beiseitestellen. Das Mehl mit dem Salz in eine große Schüssel sieben und eine Vertiefung in die Mitte drücken. Öl, Bier und Schnaps hineingießen und alles mit einem großen Metalllöffel zu einem Teig verarbeiten.

Den Teig auf einer leicht bemehlten Arbeitsfläche glatt und elastisch kneten. In Frischhaltefolie einschlagen und 30 Minuten im Kühlschrank ruhen lassen.

Den Backofen auf 200 °C vorheizen. Den Teig halbieren und jeweils zwischen zwei Bögen Backpapier so dünn wie möglich ausrollen. Aus den Teigplatten insgesamt rund 40 Kreise (4 cm Durchmesser) ausstechen.

Die Teigkreise mit der Zuckermischung bestreuen. Mit einer Teigrolle darüberrollen, um Sesam und Fenchel leicht in den Teig zu drücken.

Die Teigkreise auf die vorbereiteten Bleche setzen und im vorgeheizten Ofen 6–8 Minuten backen. Dann unter dem heißen Backofengrill 1–2 Minuten überbacken, bis der Zucker karamellisiert (darf aber nicht verbrennen!). Auf einem Kuchengitter vollständig erkalten lassen. Mit dem restlichen Teig ebenso verfahren.

In einem luftdicht schließenden Behälter halten sich diese Cracker bis zu zwei Wochen.

2828

Walnussknusperchen

ERGIBT 25 STÜCK

1 Ei
1 Eigelb
120 g Feinstzucker
einige Tropfen Vanillearoma
2 EL Weizenmehl
150 g Walnusskerne, gehackt

Den Backofen auf 160 °C vorheizen. Zwei Backbleche mit Backpapier belegen.

Ei, Eigelb, Zucker und Vanillearoma in einer Schüssel mit dem elektrischen Handrührgerät verrühren. Das Mehl darübersieben und alles mit einem Holzlöffel zu einem glatten Teig verarbeiten. Die Walnüsse unterheben.

Gut teelöffelgroße Portionen vom Teig abstechen und mit reichlich Abstand auf die vorbereiteten Bleche setzen. Etwas flach drücken und im vorgeheizten Ofen 15–17 Minuten backen, bis die Plätzchen knusprig und leicht gebräunt sind. Einige Minuten auf den Blechen abkühlen lassen, dann auf ein Kuchengitter heben und vollständig erkalten lassen.

In einem luftdicht schließenden Behälter bleiben diese Plätzchen bis zu zwei Wochen knusprig.

Bananen-Cookies mit Pfiff

ERGIBT 36 STÜCK

180 g weiche Butter
230 g Feinstzucker
einige Tropfen Vanillearoma
1 Eigelb
150 g getrocknete Bananenchips, gehackt
250 g Weizenmehl
1¼ TL Backpulver
2 TL Lebkuchengewürz
50 g Kokosraspel

Zum Garnieren
2 EL ganze Gewürznelken

Den Backofen auf 170 °C vorheizen. Zwei Backbleche mit Backpapier belegen.

Butter, Zucker und Vanillearoma in einer Schüssel mit dem elektrischen Handrührgerät hell und cremig rühren. Das Eigelb kurz einarbeiten und die Bananenchips unterziehen. Das Mehl mit Backpulver und Gewürz darübersieben und die Kokosraspel zufügen. Alles mit einem Holzlöffel zu einem weichen Teig verarbeiten.

Esslöffelgroße Portionen vom Teig abstechen und zu Kugeln formen. In 4 cm großen Abständen auf die vorbereiteten Bleche setzen. Etwas flach drücken und je eine Gewürznelke in die Mitte stecken. Im vorgeheizten Ofen 12 Minuten backen, bis die Plätzchen am Rand leicht gebräunt sind. Einige Minuten auf den Blechen abkühlen lassen, dann auf ein Kuchengitter heben und vollständig erkalten lassen. Mit dem restlichen Teig ebenso verfahren.

In einem luftdicht schließenden Behälter halten sich diese Cookies bis zu einer Woche.

Cranberry-Cookies mit Mohnrand

ERGIBT 50 STÜCK

175 g weiche Butter
125 g Puderzucker
2 Eigelb
2 TL Zitronensaft
180 g Weizenmehl
110 g gemahlene Haselnüsse
150 g getrocknete Cranberrys
80 g Mohnsaat

Butter und Zucker in einer Schüssel mit dem elektrischen Handrührgerät hell und cremig rühren. Eigelb und Zitronensaft kurz einarbeiten. Das Mehl darübersieben und die Haselnüsse zufügen. Alles mit einem Holzlöffel zu einem Teig verarbeiten. Die Cranberrys unterziehen. Den Teig halbieren.

Die Hälfte des Mohns auf einem 30 cm langen Stück Alufolie verteilen. Eine Teighälfte auf einer bemehlten Arbeitsfläche zu einem 20 cm langen Strang formen. Auf die Alufolie heben und im Mohn rollen. Fest in die Alufolie wickeln und die Enden zudrehen. Mit der zweiten Teig- und Mohnhälfte ebenso verfahren. Mindestens 4 Stunden im Kühlschrank ruhen lassen.

Den Backofen auf 170 °C vorheizen. Zwei Backbleche mit Backpapier belegen.

Den Teig auswickeln und in 8 mm dicke Scheiben schneiden. Auf die vorbereiteten Bleche setzen und im vorgeheizten Ofen 12–15 Minuten backen, bis die Plätzchen leicht gebräunt sind. Einige Minuten auf den Blechen abkühlen lassen, dann auf ein Kuchengitter heben und vollständig erkalten lassen.

In einem luftdicht schließenden Behälter halten sich diese Plätzchen bis zu einer Woche.

Cookies mit Macadamianüssen und weißer Schokolade

ERGIBT 25 STÜCK

200 g Macadamianüsse
1 Ei
160 g brauner Zucker
2 EL Feinstzucker
einige Tropfen Vanillearoma
125 ml Olivenöl
90 g Weizenmehl
⅓ TL Backpulver
¼ TL Zimt
30 g Kokosraspel
130 g weiße Schokoladentröpfchen

Den Backofen auf 180 °C vorheizen. Die Macadamianüsse auf einem Backblech verteilen und 5 Minuten im Ofen rösten. Abkühlen lassen, dann mit einem großen, scharfen Messer grob hacken.

Ei und beide Zuckersorten in einer Schüssel mit dem elektrischen Handrührgerät hell und cremig rühren. Vanillearoma und Öl unterrühren. Mehl und Backpulver darübersieben. Zimt, Kokosraspel, Macadamianüsse und Schokolade zugeben. Alles mit einem Holzlöffel zu einem glatten Teig verarbeiten und 30 Minuten im Kühlschrank ruhen lassen.

Zwei Backbleche dünn einfetten und mit Backpapier belegen. Esslöffelgroße Teigportionen zu Kugeln formen und auf die vorbereiteten Bleche setzen und leicht flach drücken. Im vorgeheizten Ofen 12–15 Minuten backen, bis die Plätzchen am Rand leicht gebräunt sind. Einige Minuten auf den Blechen abkühlen lassen, dann auf ein Kuchengitter heben und vollständig erkalten lassen.

In einem luftdicht schließenden Behälter halten sich diese Cookies bis zu einer Woche.

VARIATION: Die Schokoladentröpfchen können durch Zartbitterschokoladentröpfchen ersetzt werden.

Rosinenplätzchen mit Rosmarin

ERGIBT 24 STÜCK

125 g weiche Butter
120 g Feinstzucker
90 g brauner Zucker
einige Tropfen Vanillearoma
1 Ei
250 g Weizenmehl
1 TL Backpulver
½ TL frisch geriebene Muskatnuss
1 EL gehackter Rosmarin
125 g Rosinen

Zum Garnieren
24 kleine Rosmarinspitzen

Den Backofen auf 180 °C vorheizen. Zwei Backbleche mit Backpapier belegen.

Butter, Zucker und Vanillearoma in einer Schüssel mit dem elektrischen Handrührgerät hell und cremig rühren. Das Ei kurz einarbeiten. Das Mehl mit Backpulver und Muskatnuss darübersieben. Rosmarin und Rosinen zugeben. Alles mit einem Holzlöffel zu einem weichen Teig verarbeiten.

Esslöffelgroße Portionen vom Teig abstechen und zu Kugeln formen. In 5 cm großen Abständen auf die vorbereiteten Bleche setzen. Zu 4 cm großen Kreisen flach drücken und je eine Rosmarinspitze hineinstecken. Im vorgeheizten Ofen 12–13 Minuten backen, bis die Plätzchen leicht gebräunt sind. Einige Minuten auf den Blechen abkühlen lassen, dann auf ein Kuchengitter heben und vollständig erkalten lassen.

In einem luftdicht schließenden Behälter halten sich diese Cookies bis zu fünf Tage.

Cookies mit Aprikosen, Zimt und Mandeln

ERGIBT 30 STÜCK

160 g weiche Butter
230 g Feinstzucker
einige Tropfen Vanillearoma
1 Ei
100 g weiche getrocknete Aprikosen, fein gehackt
210 g Weizenmehl
1 TL Backpulver
1 TL Zimt
50 g gemahlene abgezogene Mandeln

Zum Garnieren
50 g abgezogene Mandeln

Den Backofen auf 190 °C vorheizen. Zwei Backbleche mit Backpapier belegen.

Butter, Zucker und Vanillearoma in einer Schüssel mit dem elektrischen Handrührgerät hell und cremig rühren. Das Ei kurz einarbeiten und die Aprikosen unterziehen. Das Mehl mit Backpulver und Zimt darübersieben und die gemahlenen Mandeln zufügen. Alles mit einem Holzlöffel zu einem weichen Teig verarbeiten.

Esslöffelgroße Portionen vom Teig abstechen und zu Kugeln formen. In 5 cm großen Abständen auf die vorbereiteten Bleche setzen. Zu 4 cm großen Kreisen flach drücken und je eine Mandel in die Mitte drücken. Im vorgeheizten Ofen 12 Minuten backen, bis die Cookies am Rand leicht gebräunt sind. Einige Minuten auf den Blechen abkühlen lassen, dann auf ein Kuchengitter heben und vollständig erkalten lassen. Mit dem restlichen Teig ebenso verfahren.

In einem luftdicht schließenden Behälter halten sich diese Cookies bis zu einer Woche.

Knusperplätzchen mit exotischen Früchten

ERGIBT 20 STÜCK

2 TL fein abgeriebene Limettenschale
90 g Honig
2 Eiweiß
einige Tropfen Vanillearoma
30 g Weizenmehl
60 g kandierte Papaya, in feinen Scheiben
2 EL in feine Scheiben geschnittene kandierte Ananas
25 g Mandelblättchen
40 g Pistazienkerne, gehackt
1 EL Kürbiskerne
2 TL Sesamsaat
40 g Kokosflocken
25 g Kokosraspel

Den Backofen auf 160 °C vorheizen. Zwei Backbleche mit Backpapier belegen.

Limettenschale, Honig, Eiweiß und Vanillearoma in einer Schüssel mit dem elektrischen Handrührgerät schaumig rühren. Das Mehl in eine zweite, große Schüssel sieben. Papaya, Ananas, Mandelblättchen, Pistazien, Kürbiskerne, Sesam sowie Kokosflocken und -raspel untermischen. Eine Vertiefung in die Mitte drücken, die Eiweißmasse hineingeben und alles mit einem Holzlöffel zu einem weichen Teig verarbeiten.

Esslöffelgroße Portionen vom Teig abstechen und zu Kugeln formen. In 4 cm großen Abständen auf die vorbereiteten Bleche setzen. Etwas flach drücken und im vorgeheizten Ofen 15 Minuten backen, bis die Plätzchen am Rand leicht gebräunt sind. Einige Minuten auf den Blechen abkühlen lassen, dann auf ein Kuchengitter heben und vollständig erkalten lassen.

Diese Plätzchen sollten am Tag der Zubereitung verzehrt werden.

Haferflocken-plätzchen

ERGIBT 26 STÜCK

125 g Weizenmehl
1¼ TL Backpulver
100 g Haferflocken
170 g Feinstzucker
40 g Kaffeeweißer
60 g Kokosraspel
2 EL Honig
150 g weiche Butter

Den Backofen auf 180 °C vorheizen. Zwei Backbleche mit Backpapier belegen.

Mehl und Backpulver in eine große Schüssel sieben. Haferflocken, Zucker, Milchpulver und Kokosraspel untermischen und eine Vertiefung in die Mitte drücken.

Honig und Butter mit 1 Esslöffel heißem Wasser in einem kleinen Topf sanft erhitzen, bis die Butter geschmolzen ist. Zu den Trockenzutaten in die Vertiefung gießen und alles mit einem Holzlöffel zu einem weichen Teig verarbeiten.

Esslöffelgroße Portionen vom Teig abstechen und zu Kugeln formen. In großen Abständen auf die vorbereiteten Bleche setzen. Etwas flach drücken und im vorgeheizten Ofen 12–15 Minuten backen, bis die Plätzchen am Rand leicht gebräunt sind. Einige Minuten auf den Blechen abkühlen lassen, dann auf ein Kuchengitter heben und vollständig erkalten lassen. Mit dem restlichen Teig ebenso verfahren.

In einem luftdicht schließenden Behälter halten sich diese Plätzchen bis zu einer Woche.

Dattelplätzchen mit Sesam

ERGIBT 30 STÜCK

160 g weiche Butter
180 g brauner Zucker
einige Tropfen Vanillearoma
1 Ei
2 TL Sesamöl
160 g Datteln, gehackt
250 g Weizenmehl
1 TL Backpulver
50 g Sesamsaat

Den Backofen auf 180 °C vorheizen. Zwei Backbleche mit Backpapier belegen.

Butter, Zucker und Vanillearoma in einer Schüssel mit dem elektrischen Handrührgerät hell und cremig rühren. Ei und Sesamöl kurz einarbeiten. Die Datteln unterziehen. Mehl und Backpulver darübersieben und alles mit einem Holzlöffel zu einem weichen Teig verarbeiten.

Die Sesamsaat in eine Schale füllen. Esslöffelgroße Portionen vom Teig abstechen und zu Kugeln formen. Diese jeweils zur Hälfte in die Sesamsaat drücken. Die Kugeln in 5 cm großen Abständen mit der Sesamseite nach oben auf die vorbereiteten Bleche setzen und zu etwa 4 cm großen Kreisen flach drücken. Im vorgeheizten Ofen 12 Minuten backen, bis die Plätzchen leicht gebräunt sind. Einige Minuten auf den Blechen abkühlen lassen, dann auf ein Kuchengitter heben und vollständig erkalten lassen. Mit dem restlichen Teig ebenso verfahren.

In einem luftdicht schließenden Behälter halten sich diese Plätzchen bis zu fünf Tage.

Hafer-Cookies mit Feigen

ERGIBT 30 STÜCK

125 g weiche Butter
230 g Feinstzucker
1 Ei
2 EL Milch
½ TL Zimt
½ TL Natron
½ TL Salz

120 g Sesamsaat
280 g getrocknete Feigen, gehackt
125 g Haferflocken
150 g Weizenmehl

Zum Garnieren
6 getrocknete Feigen, in Streifen geschnitten

Den Backofen auf 180 °C vorheizen. Butter und Zucker in einer Schüssel mit dem elektrischen Handrührgerät hell und cremig rühren. Ei und Milch sorgfältig unterrühren. Zimt und Natron mit dem Salz einarbeiten. Sesamsaat, Feigen und Haferflocken unterrühren. Das Mehl darübersieben und alles mit einem Holzlöffel zu einem weichen Teig verarbeiten.

Esslöffelgroße Portionen vom Teig abstechen und zu Kugeln formen. In großen Abständen auf zwei nicht eingefettete Backbleche setzen. Etwas flach drücken und je mit einer Feigenscheibe belegen. Im vorgeheizten Ofen 15–20 Minuten backen, bis die Plätzchen am Rand leicht gebräunt sind. Einige Minuten auf den Blechen abkühlen lassen, dann auf ein Kuchengitter heben und vollständig erkalten lassen.

In einem luftdicht schließenden Behälter halten sich diese Cookies bis zu fünf Tage.

Pinien-Knusperli

ERGIBT 70 STÜCK

270 g abgezogene Mandeln
350 g Feinstzucker
2 Eiweiß
einige Tropfen Vanillearoma
1 TL flüssiger Honig, erwärmt
460 g Pinienkerne, grob gehackt
40 g Puderzucker, zum Bestäuben

Den Backofen auf 190 °C vorheizen. Zwei Backbleche mit Backpapier belegen.

Die Mandeln in zwei Portionen mit je 125 g Zucker in der Küchenmaschine fein mahlen.

Die Mandeln in eine große Schüssel geben und mit dem restlichen Zucker mischen.

Eiweiß, Vanillearoma und Honig in einer zweiten Schüssel schaumig rühren. Dann sorgfältig unter die Mandelmasse ziehen und 5 Minuten stehen lassen.

Die Pinienkerne in einer flachen Form verteilen. Esslöffelgroße Teigportionen zu Kugeln formen und in den Pinienkernen rollen, bis sie vollständig eingehüllt sind. In großen Abständen auf die vorbereiteten Bleche setzen, leicht flach drücken und mit dem Puderzucker bestäuben. Im vorgeheizten Ofen 10–12 Minuten backen, bis die Plätzchen leicht gebräunt sind. Einige Minuten auf den Blechen abkühlen lassen, dann auf ein Kuchengitter heben und vollständig erkalten lassen. Mit dem restlichen Teig ebenso verfahren.

In einem luftdicht schließenden Behälter halten sich diese Plätzchen bis zu fünf Tage.

Hinweis: Verwenden Sie unbedingt ganze Mandeln. Das Rezept gelingt nicht mit fertig gemahlenen Mandeln.

Apfelbatzen

ERGIBT 20 STÜCK

2 Eier
60 g Butter, zerlassen und abgekühlt
220 g Rohrohrzucker
30 g Kaffeeweißer
280 g Weizenmehl
2½ TL Backpulver
1 TL Zimt
½ TL Lebkuchengewürz
1 große Prise Salz
200 g Äpfel, geschält, entkernt und klein gewürfelt
140 g Cornflakes
60 g Pekannusskerne (alternativ Walnusskerne), gehackt
Puderzucker, zum Bestäuben
Zimt, zum Bestäuben

Den Backofen auf 180 °C vorheizen. Zwei Backbleche dünn einfetten und mit Backpapier belegen.

Die Eier in einer Schüssel mit dem elektrischen Handrührgerät kurz verquirlen. Die Butter unterrühren. Den Zucker zufügen und alles glatt rühren. Milchpulver, Mehl, Backpulver, Zimt und Gewürz mit dem Salz darübersieben und sorgfältig einarbeiten. Äpfel, Cornflakes und Pekannüsse unterheben.

Esslöffelgroße Portionen vom Teig abstechen und zu Kugeln formen. In großen Abständen auf die vorbereiteten Bleche setzen. Im vorgeheizten Ofen 15–20 Minuten backen, bis die Plätzchen leicht gebräunt sind. Einige Minuten auf den Blechen abkühlen lassen, dann auf ein Kuchengitter heben und vollständig erkalten lassen. Mit Puderzucker und etwas Zimt bestäuben.

In einem luftdicht schließenden Behälter halten sich diese Plätzchen bis zu fünf Tage.

Mandel-Biscotti mit Früchten

ERGIBT 30–40 STÜCK

3 Eiweiß
125 g Feinstzucker
125 g Weizenmehl, gesiebt
125 g ganze Mandeln
100 g Belegkirschen
30 g kandierte Aprikosen, in kirschgroßen Stücken
30 g kandierte Ananas, in mandelgroßen Stücken

Den Backofen auf 180 °C vorheizen. Eine Kastenform (25 cm × 8 cm) dünn einfetten und mit Backpapier auskleiden.

Das Eiweiß in einer Schüssel halb steif schlagen. Weiterrühren und dabei den Zucker einrieseln lassen, bis die Masse sehr fest ist. Das Mehl unterziehen. Mandeln und kandierte Früchte unterheben. Den Teig in die vorbereitete Form füllen, glatt streichen und im vorgeheizten Ofen 30–40 Minuten backen.

Den Teig 10 Minuten in der Form abkühlen lassen, dann auf ein Kuchengitter stürzen, das Backpapier abziehen und den Kuchen vollständig erkalten lassen. In Alufolie geschlagen 1–2 Tage ruhen lassen.

Den Backofen auf 140 °C vorheizen. Ein Backblech mit Backpapier belegen. Den Laib mit einem sehr scharfen Messer in möglichst dünne Scheiben schneiden. Die Scheiben auf das vorbereitete Blech legen und im vorgeheizten Ofen 45–50 Minuten trocknen, bis sie knusprig sind. Einige Minuten auf dem Blech abkühlen lassen, dann die Biscotti auf ein Kuchengitter heben und vollständig erkalten lassen.

In einem luftdicht schließenden Behälter halten sich diese Biscotti bis zu fünf Tage.

Aprikosentaler mit Zitronenguss

ERGIBT 32 STÜCK

160 g weiche Butter
170 g Feinstzucker
2 EL Orangenmarmelade
einige Tropfen Vanillearoma
200 g getrocknete Aprikosen, gehackt
170 g Weizenmehl
1 gehäufter TL Backpulver
125 g Puderzucker
2 TL Zitronensaft

Butter und Zucker in einer Schüssel mit dem elektrischen Handrührgerät hell und cremig rühren. Marmelade, Vanillearoma und Aprikosen sorgfältig einarbeiten.

Mehl und Backpulver darübersieben und rühren, bis die Zutaten gebunden sind. Auf einer bemehlten Arbeitsfläche zu einem glatten Teig kneten. Halbieren und die Portionen auf Backpapierbögen zu 20 cm langen und 5 cm dicken Rollen formen. Auf ein großes Schneidebrett legen und 15 Minuten im Kühlschrank ruhen lassen.

Den Backofen auf 180 °C vorheizen. Zwei Backbleche mit Backpapier belegen. Die Teigrollen mit einem Messer in 1 cm dicke diagonale Scheiben schneiden. In großen Abständen auf die vorbereiteten Bleche setzen und im vorgeheizten Ofen 10–15 Minuten backen. Mindestens 5 Minuten auf den Blechen abkühlen lassen, dann auf ein Kuchengitter heben und erkalten lassen. Mit dem restlichen Teig ebenso verfahren.

Für den Guss den Puderzucker in eine Schale sieben. Mit dem Zitronensaft und 3 Teelöffeln heißem Wasser glatt rühren. In einen kleinen Papier- oder Plastikspritzbeutel (siehe Seite 135) füllen. Die Plätzchen nach Belieben verzieren. Alternativ zur Hälfte in den Zitronenguss tauchen und auf einem Kuchengitter trocknen lassen.

In einem luftdicht schließenden Behälter halten sich diese Taler bis zu fünf Tage.

Walnuss-Cantuccini mit Orangen

ERGIBT 40 STÜCK

310 g Weizenmehl, plus etwas mehr zum Bestäuben
1 TL Backpulver
½ TL Natron
170 g Feinstzucker
3 Eier
fein abgeriebene Schale von 3 unbehandelten Orangen
1 Röhrchen Vanillearoma
250 g Walnusshälften, leicht geröstet und grob gehackt

Den Backofen auf 170 °C vorheizen. Ein Backblech dünn einfetten.

Das Mehl mit Backpulver und Natron in eine große Schüssel sieben und den Zucker untermischen. Eier, Orangenschale und Vanillearoma in einer Schale mit einer Gabel verquirlen. Zu den Trockenzutaten gießen und rühren, bis die Zutaten grob gebunden sind. Dann von Hand kurz kneten, bis ein fester Teig entstanden ist. Den Teig auf eine leicht bemehlte Arbeitsfläche geben und die Walnüsse einarbeiten.

Den Teig in drei Portionen teilen und zu 30 cm langen Rollen formen. Die Rollen auf das vorbereitete Blech setzen und auf eine Breite von 4 cm flach drücken. Im vorgeheizten Ofen 30 Minuten backen, bis die Rollen leicht gebräunt und fest sind. Die Rollen 15 Minuten auf dem Blech abkühlen lassen.

Die Ofentemperatur auf 150 °C reduzieren. Die Teigrollen diagonal in 0,5 cm dicke Scheiben schneiden, diese nebeneinander auf zwei Backbleche setzen und 15 Minuten im Ofen trocknen lassen (falls Sie keinen Umluftherd besitzen, die Position der Bleche nach der Hälfte der Zeit tauschen). Die Cantuccini auf einem Kuchengitter vollständig erkalten lassen.

In einem luftdicht schließenden Behälter halten sich diese Cantuccini bis zu drei Wochen.

Ananas-Kokos-Plätzchen

ERGIBT 36 STÜCK

160 g weiche Butter
230 g Feinstzucker
einige Tropfen Vanillearoma
1 Ei
2 EL Milch
1 TL fein abgeriebene Zitronenschale
100 g kandierte Ananas, in feinen Scheiben
250 g Weizenmehl
1 TL Backpulver
50 g Kokosraspel
30 g frisch geraspeltes Kokosfleisch, plus etwas mehr zum Garnieren

Den Backofen auf 180 °C vorheizen. Zwei Backbleche mit Backpapier belegen.

Butter, Zucker und Vanillearoma in einer Schüssel mit dem elektrischen Handrührgerät hell und cremig rühren. Ei, Milch und Zitronenschale kurz einarbeiten. Die Ananas untermischen. Mehl und Backpulver darübersieben. Die Kokosraspel zufügen und alles mit einem Holzlöffel zu einem weichen Teig verarbeiten.

Esslöffelgroße Portionen vom Teig abstechen und zu Kugeln formen. In 4 cm großen Abständen auf die vorbereiteten Bleche setzen. Mit frisch geraspeltem Kokosfleisch bestreuen und zu 5 cm großen Kreisen flach drücken. Im vorgeheizten Ofen 13 Minuten backen, bis die Plätzchen am Rand leicht gebräunt sind. Einige Minuten auf den Blechen abkühlen lassen, dann auf ein Kuchengitter heben und vollständig erkalten lassen. Mit dem restlichen Teig ebenso verfahren.

In einem luftdicht schließenden Behälter halten sich diese Plätzchen bis zu fünf Tage.

Schlicht & einfach

Die Plätzchen mögen zwar einfach sein, aber
Gutes muss nicht unbedingt aufwendig sein.

Husarenkrapfen

ERGIBT 45 STÜCK

250 g weiche Butter
140 g Puderzucker
1 Eigelb, leicht verquirlt
90 g Frischkäse, in kleinen Stücken
einige Tropfen Vanillearoma
1 TL fein abgeriebene Zitronenschale
340 g Weizenmehl
¼ TL Backpulver
½ TL Natron
¼ TL Salz
je 2 EL Aprikosen-, Blaubeer- und Himbeerkonfitüre

Den Backofen auf 180 °C vorheizen. Drei Backbleche dünn einfetten.

Butter, Zucker und Eigelb in einer Schüssel mit dem elektrischen Handrührgerät hell und cremig rühren. Frischkäse, Vanillearoma und Zitronenschale sorgfältig einarbeiten. Das Mehl mit Backpulver, Natron und Salz darübersieben und alles mit einem Holzlöffel zu einem weichen Teig verarbeiten. Den Teig 5–10 Minuten im Kühlschrank fest werden lassen.

Esslöffelgroße Portionen vom Teig abstechen und zu Kugeln formen. In großen Abständen auf die vorbereiteten Bleche setzen. Zu 4 cm großen Kreisen flach drücken und je eine Vertiefung in die Mitte hineindrücken. Je ein Drittel der Plätzchen mit je ¼ Teelöffel Aprikosen-, Blaubeer- und Himbeerkonfitüre füllen. Im vorgeheizten Ofen 10–12 Minuten backen, bis die Plätzchen leicht gebräunt sind. Einige Minuten auf den Blechen abkühlen lassen, dann auf ein Kuchengitter heben und vollständig erkalten lassen.

Diese Plätzchen schmecken am Tag der Zubereitung am besten, halten sich aber in einem luftdicht schließenden Behälter bis zu zwei Tage.

Schokoladenküsse

ERGIBT 60 STÜCK

60 g Zartbitterschokolade
125 g weiche Butter
370 g brauner Zucker
einige Tropfen Vanillearoma
2 Eier
80 ml Milch
340 g Weizenmehl
2 EL Kakaopulver
2 TL Backpulver
¼ TL Lebkuchengewürz
1 Prise Salz
80 g Pekannusskerne (alternativ Walnusskerne), gehackt
Puderzucker, zum Bestäuben

Die Schokolade in einer hitzebeständigen Schüssel auf ein Wasserbad setzen (Schüssel und Wasser dürfen keinen Kontakt haben) und unter gelegentlichem Rühren schmelzen. Etwa 5 Minuten abkühlen lassen.

Butter, Zucker und Vanillearoma in einer Schüssel mit dem elektrischen Handrührgerät hell und cremig rühren. Die Eier einzeln kurz einarbeiten. Flüssige Schokolade und Milch unterrühren.

Das Mehl mit Kakao, Backpulver, Gewürz und Salz darübersieben und alles zu einem glatten Teig verarbeiten. Die Pekannüsse unterkneten. Den Teig mindestens 3 Stunden oder über Nacht im Kühlschrank ruhen lassen.

Den Backofen auf 180 °C vorheizen. Zwei Backbleche dünn einfetten. Esslöffelgroße Portionen vom Teig abstechen und zu Kugeln formen. Im Puderzucker wenden. In großen Abständen auf die vorbereiteten Bleche setzen und im vorgeheizten Ofen 20–25 Minuten backen, bis die Plätzchen leicht gebräunt sind. Einige Minuten auf den Blechen abkühlen lassen, dann auf ein Kuchengitter heben und vollständig erkalten lassen. Mit dem restlichen Teig ebenso verfahren.

In einem luftdicht schließenden Behälter halten sich diese Plätzchen bis zu zwei Tage.

Ahornsirup-Taler

ERGIBT 48 STÜCK

140 g weiche Butter
180 g brauner Zucker
120 g Ahornsirup
1 Eigelb
250 g Weizenmehl
½ TL Natron
¼ TL Zimt
¼ TL gemahlener Kardamom

Zuckerguss
125 g Puderzucker, gesiebt
1½ EL Ahornsirup
einige Tropfen Vanillearoma

Den Backofen auf 180 °C vorheizen. Zwei Backbleche mit Backpapier belegen.

Butter und Zucker in einer Schüssel mit dem elektrischen Handrührgerät hell und cremig rühren. Ahornsirup und Eigelb kurz einarbeiten. Das Mehl mit Natron und Gewürzen darübersieben und alles mit einem Holzlöffel zu einem weichen Teig verarbeiten. Den Teig zu einer Platte formen, in Frischhaltefolie einschlagen und 20 Minuten im Kühlschrank ruhen lassen.

Den Teig zwischen zwei Bögen Backpapier 5 mm dick ausrollen und 5 cm große Kreise ausstechen. Die Teigreste zusammenkneten, neu ausrollen und weitere Kreise ausstechen. In etwa 4 cm großen Abständen auf die vorbereiteten Bleche setzen und im vorgeheizten Ofen 8 Minuten backen, bis die Plätzchen leicht gebräunt sind. Einige Minuten auf den Blechen abkühlen lassen, dann auf ein Kuchengitter heben und vollständig erkalten lassen.

Für den Zuckerguss Puderzucker, Ahornsirup und Vanillearoma in einer Schale mit so viel Wasser glatt rühren, bis die Masse eine zähflüssige Konsistenz hat. Die Plätzchen damit überziehen.

In einem luftdicht schließenden Behälter halten sich diese Taler bis zu drei Wochen.

F003 chinese sparrows

Cookies mit Schokostückchen

ERGIBT 16 STÜCK

125 g weiche Butter
180 g brauner Zucker
einige Tropfen Vanillearoma
1 Ei, leicht verquirlt
1 EL Milch
210 g Weizenmehl
1 TL Backpulver
260 g Zartbitterschokoladentröpfchen

Den Backofen auf 180 °C vorheizen. Ein Backblech mit Backpapier belegen.

Butter und Zucker in einer Schüssel mit dem elektrischen Handrührgerät hell und cremig rühren. Vanillearoma und Ei kurz einarbeiten. Die Milch unterrühren. Mehl und Backpulver darübersieben. Die Schokotröpfchen zufügen und alles mit einem Holzlöffel zu einem weichen Teig verarbeiten.

Esslöffelgroße Teigportionen zu Kugeln formen und in 4 cm großen Abständen auf das vorbereitete Blech setzen. Etwas flach drücken und im vorgeheizten Ofen 15 Minuten backen, bis die Cookies am Rand leicht gebräunt sind. Einige Minuten auf dem Blech abkühlen lassen, dann auf ein Kuchengitter heben und vollständig erkalten lassen. Mit dem restlichen Teig ebenso verfahren.

In einem luftdicht schließenden Behälter halten sich diese Cookies bis zu zwei Tage.

Mürbe Cashew-Cookies

ERGIBT 36 STÜCK

140 g weiche Butter
150 g Feinstzucker
einige Tropfen Vanillearoma
1 Eigelb
150 g ungesalzene Cashewkerne, fein gehackt
250 g Weizenmehl

Den Backofen auf 170 °C vorheizen. Zwei Backbleche mit Backpapier belegen.

Butter, Zucker und Vanillearoma in einer Schüssel mit dem elektrischen Handrührgerät hell und cremig rühren. Das Eigelb kurz einarbeiten. Die Cashewkerne zugeben und das Mehl darübersieben. Alles mit einem Holzlöffel zu einem weichen Teig verarbeiten.

Esslöffelgroße Teigportionen zu Kugeln formen und in 4 cm großen Abständen auf die vorbereiteten Bleche setzen. Mit einer bemehlten Gabel etwas flach drücken und im vorgeheizten Ofen 8–10 Minuten backen, bis die Cookies am Rand leicht gebräunt sind. Einige Minuten auf den Blechen abkühlen lassen, dann auf ein Kuchengitter heben und vollständig erkalten lassen. Mit dem restlichen Teig ebenso verfahren.

In einem luftdicht schließenden Behälter halten sich diese Cookies bis zu zwei Wochen.

Ingwerstäbchen

ERGIBT 25 STÜCK

100 g Macadamianüsse, gehackt
250 g weiche Butter
80 g Feinstzucker, plus etwas mehr zum Bestreuen
100 g kandierter Ingwer, gehackt
250 g Weizenmehl
90 g Reismehl

Den Backofen auf 150 °C vorheizen. Ein Backblech mit Backpapier belegen. Die Macadamianüsse auf einem zweiten Backblech verteilen und im heißen Ofen 3–5 Minuten hellbraun rösten. Abkühlen lassen.

Butter und Zucker in einer Schüssel mit dem elektrischen Handrührgerät hell und cremig rühren. Ingwer und Nüsse untermischen. Beide Mehlsorten darübersieben und alles mit einem Holzlöffel zu einem Teig verarbeiten.

Den Teig zu einer Kugel formen und auf einer leicht bemehlten Arbeitsfläche 1 cm dick ausrollen. In 3 cm × 7 cm große Stäbe schneiden. Auf das vorbereitete Blech setzen und mit Zucker bestreuen. Im vorgeheizten Ofen 35 Minuten backen, bis die Unterseite der Plätzchen leicht gebräunt ist. Einige Minuten auf dem Blech abkühlen lassen, dann auf ein Kuchengitter heben und vollständig erkalten lassen.

In einem luftdicht schließenden Behälter halten sich die Ingwerstäbchen bis zu zwei Tage.

Karamellsplitter-Mürbchen

ERGIBT 24 STÜCK

120 g Feinstzucker, plus 170 g extra
125 g weiche Butter
einige Tropfen Vanillearoma
1 Eigelb
250 g Weizenmehl
1 TL Backpulver
150 g Pekannusshälften
(alternativ Walnusshälften)

Den Backofen auf 160 °C vorheizen. Zwei Backbleche mit Backpapier belegen.

Für die Karamellsplitter den Zucker mit 1 Esslöffel Wasser in einen kleinen Topf geben und unter Rühren sanft erhitzen, bis er sich aufgelöst hat. Zuckerkristalle am Topfrand mit einem Backpinsel nach unten schieben und weiterrühren, bis sie sich ebenfalls aufgelöst haben. Den Sirup nun ohne Rühren erhitzen, bis er eine goldbraune Farbe hat. Den Karamell auf eines der vorbereiteten Bleche gießen und gleichmäßig verteilen. Hart werden lassen, dann in Stücke brechen und fein hacken. Das Backblech mit frischem Backpapier belegen.

Butter, zusätzlichen Zucker und Vanillearoma in einer Schüssel mit dem elektrischen Handrührgerät hell und cremig rühren. Das Eigelb kurz einarbeiten. Die Karamellsplitter unterrühren. Mehl und Backpulver darübersieben und alles mit einem Holzlöffel zu einem weichen Teig verarbeiten.

Esslöffelgroße Portionen aus dem Teig abstechen und zu Ovalen formen. In 4 cm großen Abständen auf die vorbereiteten Bleche setzen und je 1 Pekannusshälfte in die Mitte jedes Plätzchens drücken. Im vorgeheizten Ofen 12–15 Minuten backen, bis die Plätzchen am Rand leicht gebräunt sind. Einige Minuten auf den Blechen abkühlen lassen, dann auf ein Kuchengitter heben und vollständig erkalten lassen.

In einem luftdicht schließenden Behälter halten sich diese Plätzchen bis zu zwei Wochen.

Heidesand mit Zimt

ERGIBT 25 STÜCK

50 g weiche Butter
80 g Feinstzucker, plus 2 EL extra
einige Tropfen Vanillearoma
80 g Weizenmehl
1 EL Milch
½ TL Zimt

Den Backofen auf 180 °C vorheizen. Zwei Backbleche mit Backpapier belegen.

Butter und Zucker in einer Schüssel mit dem elektrischen Handrührgerät hell und cremig rühren. Das Vanillearoma kurz einarbeiten. Das Mehl darübersieben und die Milch zugeben. Alles mit einem Holzlöffel zu einem weichen Teig verarbeiten.

Zu einer Kugel formen und auf einem Bogen Backpapier zu einer 25 cm langen und 3 cm dicken Rolle formen. In das Backpapier einschlagen, die Enden zudrehen und die Rolle im Kühlschrank 20 Minuten ruhen lassen.

Die Teigrolle in 1 cm dicke Scheiben schneiden. Zusätzlichen Zucker und Zimt auf einem Teller mischen und den Rand der Teigscheiben darin rollen. In großen Abständen auf die vorbereiteten Bleche setzen und im vorgeheizten Ofen 20 Minuten backen, bis die Plätzchen am Rand leicht gebräunt sind. Einige Minuten auf den Blechen abkühlen lassen, dann auf ein Kuchengitter heben und vollständig erkalten lassen.

In einem luftdicht schließenden Behälter halten sich diese Plätzchen bis zu fünf Tage.

Marmor-Cookies

ERGIBT 36 STÜCK

200 g Zartbitterschokolade, gehackt
125 g weiche Butter
230 g Feinstzucker
einige Tropfen Vanillearoma
1 Eigelb
2 EL Milch
250 g Weizenmehl
½ TL Backpulver

Den Backofen auf 180 °C vorheizen. Zwei Backbleche mit Backpapier belegen.

Die Schokolade in einer hitzebeständigen Schüssel auf ein Wasserbad setzen (Schüssel und Wasser dürfen keinen Kontakt haben) und unter gelegentlichem Rühren schmelzen. Dann 5 Minuten abkühlen lassen.

Butter, Zucker und Vanillearoma in einer Schüssel mit dem elektrischen Handrührgerät hell und cremig rühren. Eigelb und Milch kurz einarbeiten. Mehl und Backpulver darübersieben und alles mit einem Holzlöffel zu einem weichen Teig verarbeiten.

Eine Vertiefung in die Teigmitte drücken und die Schokolade hineingießen. Mit einem Messer in schneidenden Bewegungen einarbeiten, bis ein marmorierter Effekt entstanden ist. Nicht zu lange bearbeiten.

Esslöffelgroße Portionen vom Teig abstechen und zu Kugeln formen. In 5 cm großen Abständen auf die vorbereiteten Bleche setzen. Etwas flach drücken und im vorgeheizten Ofen 12–15 Minuten backen, bis die Cookies am Rand leicht gebräunt sind. Einige Minuten auf den Blechen abkühlen lassen, dann auf ein Kuchengitter heben und vollständig erkalten lassen. Mit dem restlichen Teig ebenso verfahren.

In einem luftdicht schließenden Behälter halten sich diese Cookies bis zu einer Woche.

Anisplätzchen

ERGIBT 30 STÜCK

180 g weiche Butter
120 g Feinstzucker
einige Tropfen Vanillearoma
1 TL Anislikör
1 Eigelb
2 EL Honig
1 EL Milch
250 g Weizenmehl
90 g Reismehl
1½ TL Backpulver
1 TL Anissamen, leicht zerdrückt

Den Backofen auf 180 °C vorheizen. Zwei Backbleche mit Backpapier belegen.

Butter, Zucker, Vanillearoma und Anislikör in einer Schüssel mit dem elektrischen Handrührgerät hell und cremig rühren. Eigelb, Honig und Milch kurz einarbeiten. Beide Mehlsorten und Backpulver darübersieben und die Anissamen zugeben. Alles mit einem Holzlöffel zu einem weichen Teig verarbeiten.

Esslöffelgroße Portionen vom Teig abstechen und zu Kugeln formen. In 5 cm großen Abständen auf die vorbereiteten Bleche setzen. Etwas flach drücken und im vorgeheizten Ofen 10–15 Minuten backen, bis die Plätzchen am Rand leicht gebräunt sind. Einige Minuten auf den Blechen abkühlen lassen, dann auf ein Kuchengitter heben und vollständig erkalten lassen. Mit dem restlichen Teig ebenso verfahren.

In einem luftdicht schließenden Behälter halten sich diese Plätzchen bis zu fünf Tage.

Klassisches Shortbread

ERGIBT 16 STÜCK

225 g weiche Butter
120 g Feinstzucker, plus etwas mehr zum Bestreuen
210 g Weizenmehl
120 g Reismehl
1 Prise Salz

Zwei Backbleche dünn einfetten. Butter und Zucker in einer Schüssel mit dem elektrischen Handrührgerät hell und cremig rühren. Beide Mehlsorten mit dem Salz darübersieben und alles mit einem Holzlöffel fein krümelig rühren. Die Masse auf einer leicht bemehlten Arbeitsfläche rasch zu einem glatten Teig verkneten. In Frischhaltefolie eingeschlagen 30 Minuten im Kühlschrank ruhen lassen.

Den Backofen auf 190 °C vorheizen. Den Teig halbieren und auf einer leicht bemehlten Arbeitsfläche zu 20 cm großen Kreisen ausrollen. Vorsichtig auf die vorbereiteten Bleche setzen und mit einem scharfen Messer jeweils acht gleich große Stücke markieren (den Teig nicht durchschneiden!). Regelmäßig mit einer Gabel leicht einstechen. Mit den Fingern einen gewellten Rand eindrücken. Dünn mit Zucker bestreuen.

Im vorgeheizten Ofen 18–20 Minuten backen, bis das Shortbread leicht gebräunt ist. An den markierten Linien in Stücke schneiden und 5 Minuten abkühlen lassen. Dann auf ein Kuchengitter heben und vollständig erkalten lassen.

In einem luftdicht schließenden Behälter hält sich dieses Shortbread bis zu einer Woche.

Hinweis: Shortbread kann auch nur mit Weizenmehl gebacken werden. Durch die Zugabe von Reismehl wird es allerdings mürber.

Schokoladen-Shortbread

ERGIBT 65 STÜCK

150 g Zartbitterschokolade, gehackt
250 g weiche Butter
120 g Feinstzucker
310 g Weizenmehl
2 EL Kakaopulver
1 EL Trinkschokoladenpulver

Den Backofen auf 160 °C vorheizen. Zwei Backbleche dünn einfetten.

Die Schokolade in einer hitzebeständigen Schüssel auf ein Wasserbad setzen (Schüssel und Wasser dürfen keinen Kontakt haben) und unter gelegentlichem Rühren schmelzen. Dann 5 Minuten abkühlen lassen.

Butter und Zucker in einer Schüssel mit dem elektrischen Handrührgerät hell und cremig rühren. Die flüssige Schokolade einarbeiten. Das Mehl darübersieben und alles mit einem Holzlöffel zu einem weichen Teig verarbeiten.

Esslöffelgroße Portionen vom Teig abstechen und zu Kugeln formen. In großen Abständen auf die vorbereiteten Bleche setzen. Etwas flach drücken und im vorgeheizten Ofen 12–15 Minuten backen. Einige Minuten auf den Blechen abkühlen lassen, dann auf ein Kuchengitter heben und vollständig erkalten lassen. Mit dem restlichen Teig ebenso verfahren.

Vor dem Servieren Kakao und Trinkschokoladenpulver mischen und die Plätzchen damit bestäuben. In einem luftdicht schließenden Behälter hält sich dieses Shortbread bis zu einer Woche.

Vanilleblümchen

ERGIBT 30 STÜCK

180 g weiche Butter
40 g Puderzucker
einige Tropfen Vanillearoma
125 g Weizenmehl
40 g Vanillepuddingpulver (1 Beutel)

Zum Garnieren
Dekorzuckerblumen

Den Backofen auf 180 °C vorheizen. Zwei Backbleche mit Backpapier belegen.

Butter, Zucker und Vanillearoma in einer Schüssel mit dem elektrischen Handrührgerät hell und cremig rühren. Mehl und Puddingpulver darübersieben und alles mit einem Holzlöffel rasch zu einem weichen Teig verarbeiten.

Den Teig in einen Spritzbeutel mit 1,5-cm-Sterntülle füllen und in großen Abständen etwa 4 cm große Rosetten auf die vorbereiteten Bleche spritzen. Je eine Dekorblume in die Mitte daraufsetzen und die Plätzchen 20 Minuten im Kühlschrank ruhen lassen.

Im vorgeheizten Ofen 12–15 Minuten backen, bis die Plätzchen leicht gebräunt sind (nicht zu dunkel werden lassen!). Einige Minuten auf den Blechen abkühlen lassen, dann auf ein Kuchengitter heben und vollständig erkalten lassen.

In einem luftdicht schließenden Behälter halten sich diese Plätzchen bis zu fünf Tage.

Kardamomkipferl

ERGIBT 30 STÜCK

60 g Mandelstifte
250 g weiche Butter
3 EL Puderzucker, gesiebt
2 EL Weinbrand
1 TL fein abgeriebene Limettenschale
310 g Weizenmehl
1 TL gemahlener Kardamom
Puderzucker, zum Bestäuben und Aufbewahren (nach Belieben)

Den Backofen auf 180 °C vorheizen. Zwei Backbleche mit Backpapier belegen. Die Mandeln auf einem Backblech verteilen und im heißen Ofen 5 Minuten rösten. Abkühlen lassen und fein hacken.

Butter und Zucker in einer Schüssel mit dem elektrischen Handrührgerät hell und cremig rühren. Weinbrand, Limettenschale und Mandeln einarbeiten. Mehl und Kardamom darübersieben und alles mit einem Holzlöffel zu einem weichen Teig verarbeiten.

Esslöffelgroße Portionen vom Teig abstechen und zu Kipferln formen. In großen Abständen auf die vorbereiteten Bleche setzen. Im vorgeheizten Ofen 15–20 Minuten backen, bis die Kipferl leicht gebräunt sind. Einige Minuten auf den Blechen abkühlen lassen, dann auf ein Kuchengitter heben und vollständig erkalten lassen.

Vor dem Servieren großzügig mit Puderzucker bestäuben. Zum Einlagern die Plätzchen in einen Kunststoff- oder Metallbehälter geben und vollständig mit dem restlichen Puderzucker einhüllen.

In einem luftdicht schließenden Behälter halten sich diese Kipferl bis zu fünf Tage.

Kaffeeplätzchen

ERGIBT 60 STÜCK

180 g weiche Butter
170 g Feinstzucker
50 g brauner Zucker
einige Tropfen Vanillearoma
1 Eigelb
1 EL Milch
60 ml starker Espresso
375 g Weizenmehl

Glasur
125 g Puderzucker, gesiebt
1 EL starker Espresso

Zum Garnieren
Kaffeebohnen

Den Backofen auf 180 °C vorheizen. Zwei Backbleche mit Backpapier belegen.

Butter und beide Zuckersorten in einer Schüssel mit dem elektrischen Handrührgerät hell und cremig rühren. Vanillearoma, Eigelb, Milch und Espresso kurz einarbeiten. Das Mehl darübersieben und mit einem Holzlöffel mischen, bis die Zutaten gebunden sind.

Den Teig auf einer leicht bemehlten Arbeitsfläche kurz durchkneten und halbieren. Jeweils zwischen zwei Bögen Backpapier 5 mm dick ausrollen und 5 cm große Kreise ausstechen. Die Teigreste zusammenkneten, ausrollen und weitere Kreise ausstechen. In 3 cm großen Abständen auf die vorbereiteten Bleche setzen und im vorgeheizten Ofen 10 Minuten backen, bis die Plätzchen am Rand leicht gebräunt sind. Einige Minuten auf den Blechen abkühlen lassen, dann auf ein Kuchengitter heben und vollständig erkalten lassen. Mit dem restlichen Teig ebenso verfahren.

Für die Glasur Puderzucker und zusätzlichen Espresso in einer Schale glatt rühren. Mit einem Löffel kreisrund auf den Plätzchen verstreichen. Mit Kaffeebohnen garnieren.

In einem luftdicht schließenden Behälter halten sich diese Plätzchen bis zu zwei Wochen.

Honiglaibchen

ERGIBT 24 STÜCK

125 g weiche Butter
50 g Feinstzucker
50 g brauner Zucker
120 g Honig
1 Eigelb
einige Tropfen Vanillearoma
250 g Weizenmehl
½ TL Natron

Zuckerguss
125 g Puderzucker
1–2 EL Zitronensaft

Den Backofen auf 180 °C vorheizen. Zwei Backbleche mit Backpapier belegen.

Butter und beide Zuckersorten in einer Schüssel mit dem elektrischen Handrührgerät hell und cremig rühren. Honig, Eigelb und Vanillearoma kurz einarbeiten. Mehl und Natron darübersieben und alles mit einem Holzlöffel zu einem weichen Teig verarbeiten.

Esslöffelgroße Portionen vom Teig abstechen und zu Ovalen formen. In 5 cm großen Abständen auf die vorbereiteten Bleche setzen. Etwas flach drücken und im vorgeheizten Ofen 10 Minuten backen, bis die Laibchen am Rand leicht gebräunt sind. Einige Minuten auf den Blechen abkühlen lassen, dann auf ein Kuchengitter heben und vollständig erkalten lassen.

Für den Zuckerguss den Puderzucker in einer Schale mit so viel Zitronensaft verrühren, dass die Masse eine zähflüssige Konsistenz hat. Die Laibchen damit überziehen.

In einem luftdicht schließenden Behälter halten sich die Plätzchen bis zu drei Wochen.

Saftige Schokoladen-Cookies

ERGIBT 36 STÜCK

250 g Zartbitterschokolade, gehackt
125 g weiche Butter
180 g brauner Zucker
einige Tropfen Vanillearoma
1 Ei
180 g Weizenmehl
40 g Kakaopulver

Den Backofen auf 180 °C vorheizen. Zwei Backbleche mit Backpapier belegen.

Die Schokolade im Mixer mit der Pulse-Funktion fein hacken.

Butter, Zucker und Vanillearoma in einer Schüssel mit dem elektrischen Handrührgerät hell und cremig rühren. Das Ei kurz einarbeiten. Mehl und Kakao darübersieben und die Schokolade zufügen. Alles mit einem Holzlöffel zu einem weichen Teig verarbeiten.

Esslöffelgroße Portionen vom Teig abstechen und zu Kugeln formen. In großen Abständen auf die vorbereiteten Bleche setzen. Zu 5 cm großen Kreisen flach drücken und im vorgeheizten Ofen 9 Minuten backen. Einige Minuten auf den Blechen abkühlen lassen, dann auf ein Kuchengitter heben und vollständig erkalten lassen. Mit dem restlichen Teig ebenso verfahren.

In einem luftdicht schließenden Behälter halten sich diese Cookies bis zu einer Woche.

Limetten-Cookies mit Schmand

ERGIBT 30 STÜCK

125 g weiche Butter
230 g Feinstzucker
einige Tropfen Vanillearoma
1½ EL fein abgeriebene Limettenschale
90 g Schmand
250 g Weizenmehl
½ TL Backpulver

Den Backofen auf 180 °C vorheizen. Zwei Backbleche mit Backpapier belegen.

Butter, Zucker und Vanillearoma in einer Schüssel mit dem elektrischen Handrührgerät hell und cremig rühren. Limettenschale und Schmand kurz einarbeiten. Mehl und Backpulver darübersieben und alles mit einem Holzlöffel zu einem weichen Teig verarbeiten.

Esslöffelgroße Portionen vom Teig abstechen und zu Kugeln formen. In 5 cm großen Abständen auf die vorbereiteten Bleche setzen. Etwas flach drücken und im vorgeheizten Ofen 15 Minuten backen, bis die Cookies am Rand leicht gebräunt sind. Einige Minuten auf den Blechen abkühlen lassen, dann auf ein Kuchengitter heben und vollständig erkalten lassen. Mit dem restlichen Teig ebenso verfahren.

In einem luftdicht schließenden Behälter halten sich diese Cookies bis zu einer Woche.

Ingwertaler

ERGIBT 24 STÜCK

125 g weiche Butter
180 g brauner Zucker
2 EL heller Sirup
1 Eigelb
250 g Weizenmehl
½ TL Natron
2 TL gemahlener Ingwer
1 TL Lebkuchengewürz

Den Backofen auf 170 °C vorheizen. Zwei Backbleche mit Backpapier belegen.

Butter und Zucker in einer Schüssel mit dem elektrischen Handrührgerät hell und cremig rühren. Sirup und Eigelb kurz einarbeiten. Das Mehl mit Natron, Ingwer und Gewürz darübersieben und alles mit einem Holzlöffel zu einem weichen Teig verarbeiten.

Esslöffelgroße Portionen vom Teig abstechen und zu Kugeln formen. In 5 cm großen Abständen auf die vorbereiteten Bleche setzen. Zu 4 cm großen Kreisen flach drücken und im vorgeheizten Ofen 15 Minuten backen, bis die Plätzchen am Rand leicht gebräunt sind. Einige Minuten auf den Blechen abkühlen lassen, dann auf ein Kuchengitter heben und vollständig erkalten lassen.

In einem luftdicht schließenden Behälter halten sich diese Plätzchen bis zu drei Wochen.

Butterherzen

ERGIBT 36 STÜCK

180 g weiche Butter
230 g Feinstzucker
1 Röhrchen Vanillearoma
1 Ei
310 g Weizenmehl
75 g grober Zucker

Butter, Feinstzucker und Vanillearoma in einer Schüssel mit dem elektrischen Handrührgerät hell und cremig rühren. Das Ei kurz einarbeiten. Das Mehl darübersieben und alles mit einem Holzlöffel zu einem weichen Teig verarbeiten. Den Teig halbieren, flach drücken und in Frischhaltefolie eingeschlagen 1 Stunde im Kühlschrank ruhen lassen.

Den Backofen auf 180 °C vorheizen. Zwei Backbleche mit Backpapier belegen.

Den Teig zwischen zwei Bögen Backpapier 5 mm dick ausrollen und 5 cm große Herzen ausstechen. Die Teigreste zusammenkneten, erneut ausrollen und weitere Herzen ausstechen. Die Plätzchen in 4 cm großen Abständen auf die vorbereiteten Bleche setzen und mit dem groben Zucker bestreuen. Im vorgeheizten Ofen 8–10 Minuten backen, bis sie am Rand leicht gebräunt sind. Einige Minuten auf den Blechen abkühlen lassen, dann auf ein Kuchengitter heben und vollständig erkalten lassen. Mit dem restlichen Teig ebenso verfahren.

In einem luftdicht schließenden Behälter halten sich diese Plätzchen bis zu einer Woche.

Gewürzmonde

ERGIBT 60 STÜCK

125 g weiche Butter
180 g brauner Zucker
2 EL Zuckerrübensirup
1 Eigelb
250 g Weizenmehl
½ TL Natron
1 TL Lebkuchengewürz

Butter und Zucker in einer Schüssel mit dem elektrischen Handrührgerät hell und cremig rühren. Sirup und Eigelb kurz einarbeiten. Das Mehl mit Natron und Gewürz darübersieben und alles mit einem Holzlöffel zu einem weichen Teig verarbeiten. Mit Frischhaltefolie abgedeckt 2 Stunden im Kühlschrank ruhen lassen.

Den Backofen auf 160 °C vorheizen. Zwei Backbleche mit Backpapier belegen.

Den Teig halbieren, zwischen zwei Bögen Backpapier 5 mm dick ausrollen und 6 cm große Monde ausstechen. Die Teigreste zusammenkneten, erneut ausrollen und weitere Monde ausstechen. Die Plätzchen in 5 cm großen Abständen auf die vorbereiteten Bleche setzen und im vorgeheizten Ofen 7 Minuten backen. Einige Minuten auf den Blechen abkühlen lassen, dann auf ein Kuchengitter heben und vollständig erkalten lassen. Mit dem restlichen Teig ebenso verfahren.

In einem luftdicht schließenden Behälter halten sich diese Plätzchen bis zu drei Wochen.

Zitronensterne

ERGIBT 22 STÜCK

125 g weiche Butterwürfel
120 g Feinstzucker
2 Eigelb
2 TL fein abgeriebene Zitronenschale
150 g Weizenmehl
110 g Hartweizengrieß
Puderzucker, zum Bestäuben

Den Backofen auf 160 °C vorheizen. Zwei Backbleche mit Backpapier belegen.

Butter und Zucker in einer Schüssel mit dem elektrischen Handrührgerät hell und cremig rühren. Eigelb und Zitronenschale kurz einarbeiten. Das Mehl darübersieben und den Grieß zufügen. Mit einem Holzlöffel rühren, bis die Zutaten gebunden sind.

Den Teig auf einer leicht bemehlten Arbeitsfläche kurz durchkneten. Zwischen zwei Bögen Backpapier 1 cm dick ausrollen und 3 cm große Sterne ausstechen. Die Teigreste zusammenkneten, erneut ausrollen und weitere Sterne ausstechen. Die Plätzchen in großen Abständen auf die vorbereiteten Bleche setzen und im vorgeheizten Ofen 15–20 Minuten backen, bis sie am Rand leicht gebräunt sind. Einige Minuten auf den Blechen abkühlen lassen, dann auf ein Kuchengitter heben, mit Puderzucker bestäuben und vollständig erkalten lassen.

In einem luftdicht schließenden Behälter halten sich diese Plätzchen bis zu fünf Tage.

Eingehüllt & gefüllt

Diese leckeren Häppchen sind bestens für einen besonderen Anlass geeignet – schmecken aber an jedem Tag.

Walnuss-Schoko-Plätzchen mit Baiserhaube

ERGIBT 48 STÜCK

125 g weiche Butter
60 g Puderzucker
einige Tropfen Vanillearoma
1 Eigelb
125 g geröstete Walnusskerne, fein gehackt
180 g Weizenmehl
50 g Reismehl
½ TL Zimt
250 g Zartbitterschokolade, gehackt

Baiserhaube
4 Eiweiß
2 Tropfen rote Lebensmittelfarbe
2 TL Rosenwasser
180 g Feinstzucker

Butter, Zucker und Vanillearoma in einer Schüssel mit dem elektrischen Handrührgerät hell und cremig rühren. Das Eigelb kurz einarbeiten und die Walnüsse unterrühren. Beide Mehlsorten und Zimt darübersieben und alles mit einem Holzlöffel zu einem weichen Teig verarbeiten. Zu einem Kreis formen und in Frischhaltefolie eingeschlagen 90 Minuten im Kühlschrank ruhen lassen.

Den Backofen auf 160 °C vorheizen. Zwei Backbleche mit Backpapier belegen.

Den Teig zwischen zwei Bögen Backpapier 5 mm dick ausrollen und 4 cm große Kreise ausstechen. Die Teigreste zusammenkneten, erneut ausrollen und weitere Kreise ausstechen. Die Plätzchen in 4 cm großen Abständen auf die vorbereiteten Bleche setzen und im vorgeheizten Ofen 12 Minuten backen, bis sie am Rand leicht gebräunt sind. Einige Minuten auf den Blechen abkühlen lassen, dann auf ein Kuchengitter heben und vollständig erkalten lassen. Mit dem restlichen Teig ebenso verfahren.

Die Schokolade in einer hitzebeständigen Schüssel auf ein Wasserbad setzen (Schüssel und Wasser dürfen keinen Kontakt haben) und unter gelegentlichem Rühren schmelzen. Die Plätzchen mit je etwa 1 Teelöffel Schokolade bestreichen.

Die Ofentemperatur auf 190 °C erhöhen. Für den Baiserbelag Eiweiß, Lebensmittelfarbe und Rosenwasser in einer Schüssel halb steif schlagen. Dann den Zucker esslöffelweise unterrühren, bis er sich aufgelöst hat und die Masse fest ist.

Die Plätzchen wieder auf die Backbleche setzen. Die Baisermasse in einen Spritzbeutel mit 1-cm-Lochtülle füllen und je einen etwa 3 cm hohen Tupfen auf die Plätzchen spritzen. 5 Minuten überbacken, 1 Minute auf den Blechen abkühlen lassen, dann auf ein Kuchengitter heben und vollständig erkalten lassen.

Diese Plätzchen sollten innerhalb weniger Stunden verzehrt werden. Ohne Knusperhaube halten sie sich in einem luftdicht schließenden Behälter bis zu zwei Wochen.

BRITISH MADE

Kokos-Shortbread mit Limettenguss

ERGIBT 25 STÜCK

250 g Weizenmehl
40 g Puderzucker
60 g Kokosraspel
2 TL fein abgeriebene Limettenschale
200 g kalte Butter, gewürfelt
1 EL Limettensaft

Limettenguss
125 g Puderzucker
2 EL Limettensaft

Den Backofen auf 180 °C vorheizen. Zwei Backbleche mit Backpapier belegen.

Mehl und Puderzucker in eine Schüssel sieben. Kokosraspel und Limettenschale untermischen. Die Butter mit den Fingern hineinreiben, bis die Masse krümelig ist. Den Limettensaft zufügen und mit einem Messer in schneidenden Bewegungen einarbeiten.

Den Teig zu einer Kugel formen. Auf einer leicht bemehlten Arbeitsfläche 5 mm dick ausrollen und 5 cm große Kreise ausstechen. In großen Abständen auf die vorbereiteten Bleche setzen und im vorgeheizten Ofen 15–20 Minuten backen, bis sie ganz leicht gebräunt sind. Einige Minuten auf den Blechen abkühlen lassen, dann auf ein Kuchengitter heben und vollständig erkalten lassen.

Für den Guss den Puderzucker in eine hitzebeständige Schale sieben und über einem Wasserbad mit dem Limettensaft verrühren, bis die Masse glatt ist. Den Guss auf den Plätzchen verstreichen. Währenddessen den Guss in der Schale regelmäßig verrühren, damit er nicht hart wird. Glasierte Plätzchen auf ein Kuchengitter setzen und hart werden lassen.

In einem luftdicht schließenden Behälter hält sich dieses Shortbread bis zu fünf Tage.

Gewürzplätzchen mit Himbeerfüllung

ERGIBT 20 STÜCK

125 g weiche Butter
60 g brauner Zucker
1 Ei
125 g Weizenmehl
175 g Reismehl
1 TL Backpulver
1 TL Zimt
1 TL Lebkuchengewürz
1 TL gemahlener Ingwer
80 g Himbeerkonfitüre

Ingwerglasur
125 g Puderzucker
½ TL gemahlener Ingwer
20 g Butter

Zwei Backbleche mit Backpapier belegen. Butter und Zucker in einer Schüssel mit dem elektrischen Handrührgerät hell und cremig rühren. Das Ei kurz einarbeiten. Beide Mehlsorten mit Backpulver, Zimt, Gewürz und Ingwer darübersieben und alles mit einem Holzlöffel zu einem weichen Teig verarbeiten. Mit Frischhaltefolie abgedeckt etwa 30 Minuten im Kühlschrank ruhen lassen.

Den Backofen auf 180 °C vorheizen. Den Teig zwischen zwei Bögen Backpapier 5 mm dick ausrollen und mit einer gewellten Ausstechform 5 cm große Kreise ausstechen. Die Teigreste zusammenkneten, erneut ausrollen und weitere Kreise ausstechen. Die Plätzchen in großen Abständen auf die vorbereiteten Bleche setzen und im vorgeheizten Ofen 12–15 Minuten backen, bis sie leicht gebräunt sind. Einige Minuten auf den Blechen abkühlen lassen, dann auf ein Kuchengitter heben und vollständig erkalten lassen.

Für die Glasur Puderzucker und Ingwer in eine Schüssel sieben und mit der Butter und 1 Esslöffel kochendem Wasser glatt rühren. Die Plätzchen mit der Konfitüre zusammensetzen und mit der Glasur bestreichen.

In einem luftdicht schließenden Behälter halten sich diese Plätzchen bis zu fünf Tage.

Zitrus-Mohn-Taler

ERGIBT 36 STÜCK

125 g weiche Butter
170 g Feinstzucker
einige Tropfen Vanillearoma
1 EL fein abgeriebene Orangenschale
1 EL fein abgeriebene Limettenschale
1 EL Orangensaft
1 EL Limettensaft
250 g Weizenmehl
¼ TL Backpulver
2 EL Mohnsaat

Butter, Zucker und Vanillearoma in einer Schüssel mit dem elektrischen Handrührgerät hell und cremig rühren. Orangen- und Limettenschale sowie Orangen- und Limettensaft kurz einarbeiten. Mehl und Backpulver darübersieben und den Mohn zufügen. Alles mit einem Holzlöffel zu einem weichen Teig verarbeiten. Den Teig halbieren und in Frischhaltefolie eingeschlagen 1 Stunde im Kühlschrank ruhen lassen.

Den Teig auf einer leicht bemehlten Arbeitsfläche zu Rollen formen. Die Rollen auf ein großes Schneidebrett heben und in Backpapier einschlagen. Das Schneidebrett mit Frischhaltefolie abdecken und die Teigrollen 2 Stunden im Kühlschrank ruhen lassen.

Den Backofen auf 170 °C vorheizen. Zwei Backbleche mit Backpapier belegen.

Die Teigenden mit einem scharfen Messer abtrennen. Den restlichen Teig in 5 mm dicke Scheiben schneiden und auf die vorbereiteten Bleche setzen. Im vorgeheizten Ofen 10–12 Minuten backen, bis die Plätzchen am Rand leicht gebräunt sind. Einige Minuten auf den Blechen abkühlen lassen, dann auf ein Kuchengitter heben und vollständig erkalten lassen. Mit dem restlichen Teig ebenso verfahren.

In einem luftdicht schließenden Behälter halten sich diese Plätzchen bis zu zwei Wochen.

Süße Momente mit Brombeer-Creme-Füllung

ERGIBT 18 STÜCK

250 g weiche Butter
60 g Puderzucker, plus 30 g extra zum Bestäuben
einige Tropfen Vanillearoma
220 g Weizenmehl
½ TL Backpulver
60 g Speisestärke
160 g Brombeerkonfitüre

Creme
75 g weiche Butter
60 g Puderzucker, gesiebt
einige Tropfen Vanillearoma

Butter, Zucker und Vanillearoma in einer Schüssel mit dem Handrührgerät cremig rühren. Mehl, Backpulver und Speisestärke darübersieben und mit einem Holzlöffel zu einem Teig verarbeiten. Mit Frischhaltefolie abgedeckt 1 Stunde im Kühlschrank ruhen lassen.

Für die Cremefüllung Butter, Puderzucker und Vanillearoma cremig rühren.

Den Backofen auf 160 °C vorheizen. Zwei Backbleche mit Backpapier belegen.

Teelöffelgroße Portionen vom Teig abstechen und zu Kugeln formen. In 4 cm großen Abständen auf die vorbereiteten Bleche setzen. Mit einer bemehlten Gabel etwas flach drücken. Im vorgeheizten Ofen 10–12 Minuten backen, bis die Plätzchen leicht gebräunt sind. Einige Minuten auf den Blechen abkühlen lassen, dann auf ein Kuchengitter heben und vollständig erkalten lassen. Mit dem restlichen Teig ebenso verfahren.

Die Plätzchen mit dem zusätzlichen Puderzucker bestäuben. Jeweils die Hälfte der Plätzchen mit je ½ Teelöffel Creme und Konfitüre bestreichen und zusammendrücken, sodass die Füllung bis über den Rand quillt.

Gefüllte Plätzchen halten sich in einem luftdichten Behälter bis zu vier Tage, ungefüllte bis zu drei Wochen.

Florentiner

ERGIBT 12 STÜCK

50 g Butter
50 g brauner Zucker
2 TL Honig
25 g Mandelblättchen, grob gehackt
2 EL gehackte getrocknete Aprikosen
2 EL gehackte Belegkirschen
2 EL gehacktes Orangeat
40 g Weizenmehl, gesiebt
120 g Zartbitterschokolade, gehackt

Den Backofen auf 180 °C vorheizen. Zwei Backbleche dünn einfetten und mit Backpapier belegen.

Butter, Zucker und Honig in einen Topf geben und unter Rühren sanft erhitzen, bis die Butter geschmolzen und die Masse glatt ist. Den Topf vom Herd nehmen. Mandeln, Aprikosen, Kirschen, Orangeat und Mehl sorgfältig untermischen.

Esslöffelgroße Portionen von der Masse abstechen und zu Kugeln formen. In großen Abständen auf die vorbereiteten Bleche setzen und zu 5 cm großen Kreisen flach drücken. Im vorgeheizten Ofen 10 Minuten backen, bis die Florentiner leicht gebräunt sind. Einige Minuten auf den Blechen abkühlen lassen, dann auf ein Kuchengitter heben und vollständig erkalten lassen.

Die Schokolade in einer hitzebeständigen Schüssel auf ein Wasserbad setzen (Schüssel und Wasser dürfen keinen Kontakt haben) und unter gelegentlichem Rühren schmelzen. Die Unterseite der Florentiner mit der Schokolade bestreichen und, bevor die Schokolade ganz erstarrt, mit einer Gabel ein Wellenmuster einziehen.

In einem luftdicht schließenden Behälter halten sich die Florentiner bis zu fünf Tage.

Vanillekringel

ERGIBT 40–44 STÜCK

125 g weiche Butter
120 g Feinstzucker
1 Röhrchen Vanillearoma
1 kleines Ei, leicht verquirlt
210 g Weizenmehl
½ TL Backpulver
1 Prise Salz
1 Portion Zuckerguss (siehe Seite 134)
gelbe Lebensmittelfarbe (nach Belieben)
1 Portion Fondant (siehe Seite 134)

Den Backofen auf 180 °C vorheizen. Zwei Backbleche dünn einfetten.

Butter, Zucker und Vanillearoma in einer Schüssel mit dem elektrischen Handrührgerät hell und cremig rühren, das Ei zugeben und kräftig vermischen. Das Mehl mit Backpulver und Salz darübersieben und alles mit einem Holzlöffel zu einem Teig verarbeiten.

Kleine Teigstücke abbrechen und auf einer leicht bemehlten Arbeitsfläche zu 10 cm langen Strängen rollen. Zu Kreisen formen und die Enden zusammendrücken. Die Kringel auf die vorbereiteten Bleche setzen und im vorgeheizten Ofen 10–12 Minuten backen, bis sie leicht gebräunt sind.

Den Zuckerguss nach Belieben mit etwas Lebensmittelfarbe zartgelb einfärben. Den Fondant in einen Papierspritzbeutel füllen (siehe auch Hinweis, Seite 135).

Die Kringel mit einem Backpinsel mit dem Zuckerguss bestreichen und auf einem Kuchengitter fest werden lassen. Den Fondant im Zickzackmuster über die Kringel spritzen und ebenfalls trocknen lassen.

In einem luftdicht schließenden Behälter halten sich diese Kringel bis zu drei Tage.

Mokka-Nuss-Biscotti

ERGIBT 40 STÜCK

210 g Weizenmehl
½ TL Backpulver
140 g Feinstzucker, plus ½ TL extra
1 Prise Salz
60 g Butter
2 Eier
einige Tropfen Vanillearoma
½ TL Instantkaffeegranulat
130 g Pekannusskerne (alternativ Walnusskerne)

Den Backofen auf 180 °C vorheizen. Zwei Backbleche mit Backpapier belegen.

Mehl, Backpulver, Zucker und Salz 1–2 Sekunden in der Küchenmaschine mischen. Die Butter einarbeiten, bis die Masse feinkrümelig ist. Eier und Vanille unterrühren, bis ein glatter Teig entstanden ist.

Auf einer gut bemehlten Arbeitsfläche Kaffeegranulat und Nüsse unter den Teig kneten. Den Teig halbieren und mit leicht bemehlten Händen zu etwa 20 cm langen Rollen formen. Die Rollen auf die vorbereiteten Bleche setzen. Mit dem zusätzlichen Zucker bestreuen und etwas flach drücken. Im vorgeheizten Ofen etwa 35 Minuten backen. Etwa 20 Minuten abkühlen lassen. Inzwischen die Ofentemperatur auf 170 °C reduzieren.

Die Teigstränge in 1 cm dicke Scheiben schneiden. Das Backpapier wenden und die Scheiben so auf die Bleche legen, dass sie sich nicht berühren. Im Ofen weitere 30 Minuten trocknen lassen. Einige Minuten auf den Blechen abkühlen lassen, dann auf ein Kuchengitter heben und vollständig erkalten lassen.

In einem luftdicht schließenden Behälter halten sich diese Biscotti bis zu drei Wochen.

Tiramisu-Küsschen

ERGIBT 18 STÜCK

125 g weiche Butter
60 g Puderzucker
einige Tropfen Vanillearoma
90 g Weizenmehl
50 g Reismehl
30 g Kakaopulver, plus 2 EL zum Bestäuben
50 g gemahlene Mandeln

Mascarponecreme
1 EL Instantkaffeegranulat
100 g Mascarpone
3 TL Puderzucker

Schokoladencreme
100 g Zartbitterschokolade, gehackt
20 g weiche Butter
1 EL Kaffeelikör

Den Backofen auf 170 °C vorheizen. Zwei Backbleche mit Backpapier belegen.

Butter, Zucker und Vanillearoma in einer Schüssel mit dem elektrischen Handrührgerät cremig rühren. Beide Mehlsorten und Kakao darübersieben und die Mandeln zufügen. Alles mit einem Holzlöffel zu einem Teig verarbeiten.

Teelöffelgroße Teigportionen zu Kugeln formen und in 4 cm großen Abständen auf die vorbereiteten Bleche setzen. Etwas flach drücken und im vorgeheizten Ofen 10 Minuten backen. Einige Minuten auf den Blechen abkühlen lassen, dann auf ein Kuchengitter heben und vollständig erkalten lassen. Mit dem restlichen Teig ebenso verfahren.

Für die Mascarponecreme das Kaffeegranulat in 1 Teelöffel kochendem Wasser auflösen und abkühlen lassen. Mit Mascarpone und Zucker glatt rühren.

Die Schokolade in einer hitzebeständigen Schüssel auf ein Wasserbad setzen (Schüssel und Wasser dürfen keinen Kontakt haben) und unter Rühren schmelzen. In eine saubere Schüssel füllen und einige Minuten abkühlen lassen. Mit Butter und Likör glatt rühren und sofort weiterverwenden.

Die Plätzchen mit je 1½ Teelöffeln Schokoladencreme und 2 Teelöffeln Mascarponecreme zusammensetzen. Mit Kakao bestäuben.

Gefüllte Plätzchen sofort servieren. Ungefüllt halten sich diese Plätzchen in einem luftdicht schließenden Behälter bis zu zwei Wochen.

Blaubeer-Mandel-Cookies

ERGIBT 24 STÜCK

90 g weiche Butter
170 g Feinstzucker
einige Tropfen Bittermandelaroma
einige Tropfen Vanillearoma
1 EL Milch
125 g Weizenmehl
½ TL Backpulver
80 g abgezogene gemahlene Mandeln
50 g getrocknete Blaubeeren
geschmolzene weiße Schokolade, zum Beträufeln (nach Belieben)

Den Backofen auf 180 °C vorheizen. Zwei Backbleche mit Backpapier belegen.

Butter, Zucker und Aromen in einer Schüssel mit dem elektrischen Handrührgerät hell und cremig rühren. Die Milch kurz einarbeiten. Mehl und Backpulver darübersieben. Mandeln und Blaubeeren zufügen und alles mit einem Holzlöffel zu einem weichen Teig verarbeiten.

Teelöffelgroße Portionen vom Teig abstechen und zu Kugeln formen. In 4 cm großen Abständen auf die vorbereiteten Bleche setzen. Etwas flach drücken und im vorgeheizten Ofen 10–12 Minuten backen, bis die Cookies am Rand leicht gebräunt sind. Einige Minuten auf den Blechen abkühlen lassen, dann auf ein Kuchengitter heben und vollständig erkalten lassen.

Nach Belieben mit weißer Schokolade überziehen.

In einem luftdicht schließenden Behälter halten sich diese Cookies bis zu zwei Wochen.

Ingwerhappen

ERGIBT 20 STÜCK

125 g weiche Butter
120 g Feinstzucker
einige Tropfen Vanillearoma
1 Ei
80 g Weizenmehl
90 g Speisestärke
¼ TL Backpulver
1½ TL gemahlener Ingwer, plus ½ TL zum Bestäuben
1 TL Lebkuchengewürz
2 TL Puderzucker, zum Bestäuben

Honigcreme
90 g weiche Butter
1½ EL Puderzucker
1½ EL Honig

Den Backofen auf 200 °C vorheizen. Zwei Backbleche mit Backpapier belegen.

Butter, Zucker und Vanillearoma in einer Schüssel mit dem elektrischen Handrührgerät hell und cremig rühren. Das Ei kurz einarbeiten. Beide Mehlsorten mit Backpulver und Gewürzen darübersieben und alles mit einem Holzlöffel zu einem weichen Teig verarbeiten.

Teelöffelgroße Teigportionen zu Kugeln formen und in 4 cm großen Abständen auf die vorbereiteten Bleche setzen. Etwas flach drücken und im vorgeheizten Ofen 7 Minuten backen, bis die Plätzchen am Rand leicht gebräunt sind. Einige Minuten auf den Blechen abkühlen lassen, dann auf ein Kuchengitter heben und vollständig erkalten lassen. Mit dem restlichen Teig ebenso verfahren.

Für die Honigcreme Butter und Puderzucker in einer Schüssel mit dem elektrischen Handrührgerät cremig rühren. Den Honig einarbeiten. Die Plätzchen mit je 3 Teelöffel Honigcreme zusammensetzen.

Zusätzlichen Ingwer und Puderzucker in einer Schale mischen und die Plätzchen damit bestäuben.

Gefüllte Plätzchen halten sich in einem luftdicht schließenden Behälter bis zu drei Tage, ungefüllte bis zu fünf Tage.

Amore

ERGIBT 20 STÜCK

250 g Weizenmehl
1 TL Backpulver
¼ TL Lebkuchengewürz
1 große Prise Salz
60 g brauner Zucker
½ TL fein abgeriebene Zitronenschale
1 Ei
1 EL Milch
einige Tropfen Vanillearoma
100 g weiche Butter
2 TL Kakaopulver
1 TL Weinbrand
Puderzucker, zum Bestäuben

Den Backofen auf 170 °C vorheizen. Zwei Backbleche mit Backpapier belegen.

Das Mehl mit Backpulver, Gewürz und Salz in eine Schüssel sieben und mit Zucker, Zitronenschale, Ei, Milch, Vanillearoma und Butter mit dem elektrischen Handrührgerät zu einem glatten Teig verarbeiten. Auf einer leicht bemehlten Arbeitsfläche zu einer Kugel formen. In Frischhaltefolie einschlagen und 20 Minuten im Kühlschrank ruhen lassen.

Den Teig halbieren. Eine Hälfte auf einer leicht bemehlten Arbeitsfläche 3 mm dick ausrollen und zehn 7 cm große Herzen ausstechen. Auf die vorbereiteten Bleche setzen. Die Teigreste zusammenkneten, erneut ausrollen und zehn 3 cm große Herzen ausstechen. Kakao und Weinbrand in die zweite Teighälfte einarbeiten und wie oben beschrieben jeweils zehn große und kleine Herzen ausstechen.

Je ein kleines auf ein großes Herz der anderen Farbe setzen. Im vorgeheizten Ofen 12 Minuten backen, bis die Plätzchen leicht gebräunt sind. Einige Minuten auf den Blechen abkühlen lassen, dann auf ein Kuchengitter heben und vollständig erkalten lassen. Mit Puderzucker bestäuben.

In einem luftdicht schließenden Behälter halten sich diese Plätzchen bis zu fünf Tage.

Zitronencremetaler

ERGIBT 24 STÜCK

Zitronencreme
Saft von 2 Zitronen
80 g Feinstzucker
3 TL Speisestärke
4 Eigelb
fein abgeriebene Schale von 1 Zitrone

110 g weiche Butter
120 g Feinstzucker
einige Tropfen Vanillearoma
2 TL fein abgeriebene Zitronenschale
1 Eigelb
150 g Weizenmehl
30 g Puderzucker, zum Bestäuben

Für die Zitronencreme Zitronensaft, Zucker und Speisestärke in einem kleinen Topf bei kleiner Hitze glatt rühren. Unter Rühren langsam zum Kochen bringen, bis die Masse eindickt. Den Topf vom Herd nehmen. Eigelb und Zitronenschale kräftig unterrühren. Wieder auf den Herd setzen und 2–3 Minuten unter Rühren sanft erhitzen, bis die Creme eingedickt ist. In eine hitzebeständige Schüssel füllen und die Oberfläche mit Frischhaltefolie bedecken, damit sich keine Haut bildet. Erkalten lassen. Die Creme kann im Voraus zubereitet und bis zum Gebrauch im Kühlschrank aufbewahrt werden.

Den Backofen auf 170 °C vorheizen. Zwei Backbleche mit Backpapier belegen.

Butter, Zucker und Vanillearoma in einer Schüssel mit dem elektrischen Handrührgerät hell und cremig rühren. Zitronenschale und Eigelb kurz einarbeiten. Das Mehl darübersieben und alles mit einem Holzlöffel zu einem weichen Teig verarbeiten. Den Teig zu einem Kreis formen. In Frischhaltefolie einschlagen und 20 Minuten im Kühlschrank ruhen lassen.

Den Teig zwischen zwei Bögen Backpapier 3 mm dick ausrollen und gleich viele große Kreise und Ringe mit 5 cm Durchmesser ausstechen. Die Teigreste zusammenkneten, erneut ausrollen und weitere Kreise und Ringe ausstechen.

Die Plätzchen in 3 cm großen Abständen auf die vorbereiteten Bleche setzen und im vorgeheizten Ofen 9 Minuten backen, bis sie am Rand leicht gebräunt sind. Einige Minuten auf den Blechen abkühlen lassen, dann auf ein Kuchengitter heben und vollständig erkalten lassen. Mit dem restlichen Teig ebenso verfahren.

Je einen Plätzchenkreis und einen -ring mit 1 Teelöffel Zitronencreme zusammensetzen. Die Plätzchen mit Puderzucker bestäuben.

Gefüllte Plätzchen halten sich in einem luftdicht schließenden Behälter bis zu drei Tage, ungefüllte bis zu drei Wochen.

Lebkuchenplätzchen

ERGIBT ETWA 40 STÜCK
(je nach Größe der Ausstechform)

350 g Weizenmehl
2 TL Backpulver
2 TL gemahlener Ingwer
1 Prise Salz
100 g kalte Butter, gewürfelt
140 g brauner Zucker
1 Ei, verquirlt
120 g Zuckerrübensirup

Zuckerguss
1 Eiweiß
3 TL Zitronensaft
150 g Puderzucker

Fondant
1 Eiweiß
200 g Puderzucker

Den Backofen auf 190 °C vorheizen. Zwei Backbleche dünn einfetten.

Das Mehl mit Backpulver, Ingwer und Salz in eine Schüssel sieben. Die Butter mit den Fingern hineinreiben, bis die Masse feinkrümelig ist. Den Zucker untermischen. Eine Vertiefung in die Mitte drücken. Ei und Sirup hineingeben und alles mit einem Holzlöffel zu einem glatten Teig verarbeiten.

Den Teig halbieren. Zwischen zwei Bögen Backpapier 5 mm dick ausrollen und nach Belieben Herzen, Sterne und/oder Blumen ausstechen. Die Plätzchen auf die vorbereiteten Bleche setzen und portionsweise im vorgeheizten Ofen 8 Minuten backen, bis die Plätzchen leicht gebräunt sind. Einige Minuten auf den Blechen abkühlen lassen, dann auf ein Kuchengitter heben und vollständig erkalten lassen. (Falls die Plätzchen zur Dekoration verwendet werden sollen, noch heiß ein kleines Loch hineinbohren.)

Für den Zuckerguss Eiweiß und Zitronensaft schaumig rühren. Den Puderzucker einrieseln lassen und rühren, bis die Masse glatt ist. Bis zum Gebrauch die Oberfläche mit Frischhaltefolie abdecken.

Für den Fondant das Eiweiß schaumig rühren. Nach und nach so viel Puderzucker unterrühren, bis eine dicke Masse entsteht. Bis zum Gebrauch die Oberfläche mit Frischhaltefolie abdecken.

Die Plätzchen entweder mit dem Zuckerguss überziehen und fest werden lassen (siehe Abbildung, Seite 133) oder den Fondant in einen kleinen Papierspritzbeutel (siehe auch Hinweis unten) füllen und die Plätzchen nach Belieben damit verzieren.

In einem luftdicht schließenden Behälter halten sich diese Plätzchen bis zu drei Tage.

Hinweis: Papierspritzbeutel können selbst hergestellt werden. Dazu ein quadratisches Stück Backpapier (19 cm Seitenlänge) diagonal in zwei Dreiecke schneiden. Auf dem Kopf stehend halten und die beiden Spitzen jeweils in die Mitte drehen, sodass ein Kegel entsteht, und fixieren.

Schokoladen-Cookies mit Nüssen und Erdbeerglasur

ERGIBT 32 STÜCK

160 g weiche Butter
170 g Feinstzucker
einige Tropfen Vanillearoma
80 g frisches Erdbeermark
100 g Erdbeeren, in feinen Scheiben
80 g gemahlene Pekannusskerne (alternativ Walnusskerne)
180 g Weizenmehl
300 g weiße Schokolade, gehackt
rote Lebensmittelfarbe

Den Backofen auf 180 °C vorheizen. Zwei Backbleche mit Backpapier belegen.

Butter, Zucker und Vanillearoma in einer Schüssel mit dem elektrischen Handrührgerät hell und cremig rühren. Erdbeermark, Erdbeeren und Pekannüsse unterrühren. Das Mehl darübersieben und alles zu einem weichen Teig verarbeiten.

Esslöffelgroße Portionen vom Teig abstechen und zu Kugeln formen. In 5 cm großen Abständen auf die vorbereiteten Bleche setzen. Etwas flach drücken und im vorgeheizten Ofen 12–15 Minuten backen, bis die Cookies am Rand leicht gebräunt sind. Einige Minuten auf den Blechen abkühlen lassen, dann auf ein Kuchengitter heben und vollständig erkalten lassen. Mit dem restlichen Teig ebenso verfahren.

Die Schokolade in einer hitzebeständigen Schüssel auf ein Wasserbad setzen (Schüssel und Wasser dürfen keinen Kontakt haben) und unter Rühren schmelzen. Die Schüssel vom Wasserbad nehmen und die Schokolade mit Lebensmittelfarbe zartrosa einfärben. Die Cookies zur Hälfte hineintauchen, auf einen Bogen Backpapier legen und etwa 40 Minuten fest werden lassen.

In einem luftdicht schließenden Behälter halten sich diese Cookies bis zu einer Woche.

Schokoladen-Pfeffernüsse

ERGIBT 65 STÜCK

200 g Honig
100 g Zuckerrübensirup
125 g brauner Zucker
150 g Butter
500 g Weizenmehl
60 g Kakaopulver
1 TL Backpulver
½ TL Natron
1 TL gemahlener weißer Pfeffer
1 TL Zimt
½ TL frisch geriebene Muskatnuss
¼ TL Salz
100 g abgezogene Mandeln, gehackt
1 TL fein abgeriebene Zitronenschale
50 g Orangeat
2 Eier, leicht verquirlt
300 g Zartbitterschokolade, gehackt

Zwei Backbleche mit Backpapier belegen. Honig, Sirup, Zucker und Butter in einem kleinen Topf bei mittlerer Hitze unter gelegentlichem Rühren zum Kochen bringen. Dann etwas abkühlen lassen.

Das Mehl mit Kakao, Backpulver, Natron, Pfeffer, Zimt, Muskatnuss und Salz in eine große Schüssel sieben. Mandeln, Zitronenschale und Orangeat sorgfältig untermischen. Eine Vertiefung in die Mitte drücken. Honigmischung und Eier hineingießen und alles zu einem weichen Teig verarbeiten. Abgedeckt 2 Stunden im Kühlschrank ruhen lassen.

Den Backofen auf 180 °C vorheizen. Esslöffelgroße Portionen vom Teig abstechen und zu Kugeln formen. In großen Abständen auf die vorbereiteten Bleche setzen. Im vorgeheizten Ofen 12–15 Minuten backen. Einige Minuten auf den Blechen abkühlen lassen, dann auf ein Kuchengitter heben und vollständig erkalten lassen.

Die Schokolade in einer hitzebeständigen Schüssel auf ein Wasserbad setzen (Schüssel und Wasser dürfen keinen Kontakt haben) und unter gelegentlichem Rühren schmelzen. Die Pfeffernüsse kopfüber hineintauchen und die Schokolade abtropfen lassen. Auf einem Stück Backpapier fest werden lassen.

In einem luftdicht schließenden Behälter halten sich diese Lebkuchen bis zu fünf Tage.

Spritzgebäck mit Mandarinencreme

ERGIBT 18 STÜCK

350 g weiche Butter
60 g Puderzucker
fein abgeriebene Schale von 2 Mandarinen (alternativ Clementinen)
250 g Weizenmehl
60 g Speisestärke

Mandarinencreme
120 g weiche Butter
250 g Puderzucker
2 EL frisch gepresster Mandarinensaft (alternativ Clementinensaft)

Den Backofen auf 180 °C vorheizen. Zwei Backbleche mit Backpapier belegen.

Butter, Zucker und Mandarinenschale in einer Schüssel mit dem elektrischen Handrührgerät hell und cremig rühren. Mehl und Speisestärke darübersieben und alles mit einem Holzlöffel zu einem weichen Teig verarbeiten.

Den Teig in einen Spritzbeutel mit 4-cm-Sterntülle füllen und 36 Ringe mit 4 cm Durchmesser in großen Abständen auf die vorbereiteten Bleche spritzen. Im vorgeheizten Ofen 12–15 Minuten backen, bis die Ringe am Rand leicht gebräunt sind. Einige Minuten auf den Blechen abkühlen lassen, dann auf ein Kuchengitter heben und vollständig erkalten lassen.

Für die Mandarinencreme Butter, Zucker und Mandarinensaft mit dem elektrischen Handrührgerät glatt rühren. Die Plätzchen damit zusammensetzen. Gefüllte Kringel sollten am Tag der Zubereitung verzehrt werden. Ungefüllte Kringel halten sich in einem luftdicht schließenden Behälter bis zu einer Woche.

Passionsfrucht-Kokos-Makronen

ERGIBT 20 STÜCK

3 Eiweiß
280 g Feinstzucker
einige Tropfen Vanillearoma
180 g Kokosraspel, plus etwas mehr zum Garnieren
2 EL Weizenmehl

Passionsfruchtfüllung
200 g Sahne
60 g Passionsfruchtmark
2 TL Puderzucker
einige Tropfen Vanillearoma

Den Backofen auf 160 °C vorheizen. Zwei Backbleche mit Backpapier belegen.

Das Eiweiß in einer Schüssel schaumig rühren. Den Zucker einrieseln lassen, das Vanillearoma zufügen und weiterrühren, bis die Masse fest und glänzend ist. Kokosraspel und Mehl mit einem Holzlöffel unterheben.

Teelöffelgroße Portionen von der Eischneemasse abstechen und zu Kugeln formen. In 4 cm großen Abständen auf die vorbereiteten Bleche setzen. Etwas flach drücken und im vorgeheizten Ofen 12 Minuten backen, bis die Makronen am Rand leicht gebräunt sind. Einige Minuten auf den Blechen abkühlen lassen, dann auf ein Kuchengitter heben und vollständig erkalten lassen. Mit der restlichen Masse ebenso verfahren.

Für die Füllung die Sahne steif schlagen. Dann die restlichen Zutaten unterrühren.

Je zwei Makronen mit 3 Teelöffeln Füllung zusammensetzen. Mit Kokosraspeln garnieren.

Gefüllte Makronen sollten möglichst sofort verzehrt werden. Ungefüllt halten sich diese Makronen in einem luftdicht schließenden Behälter bis zu drei Tage.

Spitzbuben

ERGIBT 18 STÜCK

125 g weiche Butter
120 g Feinstzucker
2 TL fein abgeriebene Zitronenschale
1 Ei
250 g Weizenmehl
1 TL Backpulver
Himbeerkonfitüre
Puderzucker, zum Bestäuben

Zwei Backbleche mit Backpapier belegen. Butter, Zucker und Zitronenschale in einer Schüssel mit dem elektrischen Handrührgerät hell und cremig rühren. Das Ei kurz einarbeiten. Mehl und Backpulver darübersieben und alles mit einem Holzlöffel zu einem weichen Teig verarbeiten. Mit Frischhaltefolie abgedeckt 30 Minuten im Kühlschrank ruhen lassen.

Den Backofen auf 180 °C vorheizen. Die Hälfte des Teiges zwischen zwei Bögen Backpapier 5 mm dick ausrollen und mit einer Ausstechform mit gewelltem Rand (5 cm Durchmesser) insgesamt 18 Kreise ausstechen.

Mit der anderen Teighälfte ebenso verfahren. Aus diesen Kreisen mit einer Ausstechform mit gewelltem Rand und 2 cm Durchmesser die Mitte ausstechen, sodass Ringe entstehen. Eventuelle Teigreste zusammenkneten und erneut ausrollen und ausstechen. Alle Plätzchen auf die vorbereiteten Bleche setzen und im vorgeheizten Ofen 8–10 Minuten backen, bis sie leicht gebräunt sind. Einige Minuten auf den Blechen abkühlen lassen, dann auf ein Kuchengitter heben und vollständig erkalten lassen.

Die Kreise mit je 1 Teelöffel Konfitüre bestreichen und die Ringe daraufsetzen. Mit Puderzucker bestäuben. In einem luftdicht schließenden Behälter halten sich diese Plätzchen bis zu fünf Tage.

Quittentaler mit Schokoladenglasur

ERGIBT 24 STÜCK

125 g weiche Butter
40 g Puderzucker
einige Tropfen Vanillearoma
125 g Weizenmehl
40 g abgezogene Mandeln, gemahlen
150 g Quittengelee
250 g Zartbitterschokolade, gehackt

Den Backofen auf 160 °C vorheizen. Zwei Backbleche mit Backpapier belegen.

Butter, Puderzucker und Vanillearoma in einer Schüssel mit dem elektrischen Handrührgerät hell und cremig rühren. Das Mehl darübersieben und die Mandeln zufügen. Alles mit einem Holzlöffel zu einem weichen Teig verarbeiten. Den Teig in Frischhaltefolie einschlagen und 20 Minuten im Kühlschrank ruhen lassen.

Den Teig zwischen zwei Bögen Backpapier 5 mm dick ausrollen und 4 cm große Kreise ausstechen. Die Plätzchen auf die vorbereiteten Bleche setzen und im vorgeheizten Ofen 7–10 Minuten backen, bis die Plätzchen leicht gebräunt sind. Einige Minuten auf den Blechen abkühlen lassen, dann auf ein Kuchengitter heben und vollständig erkalten lassen.

Das Quittengelee in einem Topf erhitzen und glatt rühren. Die Plätzchen mit je 1 Teelöffel Gelee zusammensetzen. Die Schokolade in einer hitzebeständigen Schüssel auf ein Wasserbad setzen (Schüssel und Wasser dürfen keinen Kontakt haben) und unter Rühren schmelzen. Leicht abkühlen lassen. Die Backbleche mit Backpapier belegen. Die Plätzchen mit der Schokolade überziehen und auf den Blechen fest werden lassen.

In einem luftdicht schließenden Behälter halten sich diese Plätzchen bis zu zehn Tage.

Limettenplätzchen mit Vanilleglasur

ERGIBT 48 STÜCK

125 g weiche Butter
40 g Puderzucker
einige Tropfen Vanillearoma
2 TL Limettensaft
2 TL fein abgeriebene Limettenschale
180 g Weizenmehl
50 g Reismehl

Vanilleglasur
1 Eiweiß
1 EL Limettensaft
160 g Puderzucker
1 Vanilleschote
einige Tropfen Vanillearoma

Butter, Zucker und Vanillearoma in einer Schüssel mit dem elektrischen Handrührgerät hell und cremig rühren. Limettensaft und -schale einarbeiten. Beide Mehlsorten darübersieben und alles zu einem weichen Teig verarbeiten. Auf einer leicht bemehlten Arbeitsfläche zu einem Kreis formen, in Frischhaltefolie einschlagen und 30 Minuten im Kühlschrank ruhen lassen.

Den Backofen auf 160 °C vorheizen. Zwei Backbleche mit Backpapier belegen.

Den Teig zwischen zwei Bögen Backpapier 5 mm dick ausrollen und 6 cm lange Blattformen ausstechen. Die Teigreste zusammenkneten, neu ausrollen und weitere Blätter ausstechen. Die Plätzchen auf die vorbereiteten Bleche setzen und 10 Minuten backen. Einige Minuten auf den Blechen abkühlen lassen, dann auf ein Kuchengitter heben und vollständig erkalten lassen. Mit dem restlichen Teig ebenso verfahren.

Für die Vanilleglasur Eiweiß und Limettensaft in einer Schüssel mit dem elektrischen Handrührgerät schaumig rühren. Den Puderzucker unterrühren, bis die Masse dicklich wird. Das Mark aus der Vanilleschote kratzen und zusammen mit dem Vanillearoma einrühren. Die Oberseite der Plätzchen hineintauchen und auf einem Kuchengitter mindestens 40 Minuten fest werden lassen.

In einem luftdicht schließenden Behälter halten sich diese Plätzchen bis zu einer Woche.

Knusprige Haselnusszungen mit Schokoladendip

ERGIBT 30 STÜCK

100 g weiche Butter
120 g Feinstzucker
2 TL fein abgeriebene Orangenschale
2 TL Orangensaft
50 g gemahlene Haselnüsse
100 g Weizenmehl

Schokoladendip
200 g Zartbitterschokolade, gehackt
2 EL Sahne
2 TL Orangenlikör

Den Backofen auf 180 °C vorheizen. Zwei Backbleche mit Backpapier belegen.

Butter und Zucker in einer Schüssel mit dem elektrischen Handrührgerät hell und cremig rühren. Orangenschale und -saft sowie Haselnüsse kurz einarbeiten. Das Mehl darübersieben und alles mit einem Holzlöffel zu einem weichen Teig verarbeiten.

Je zwei teelöffelgroße Teigportionen zu 8 cm langen ovalen Stangen formen und in 4 cm großen Abständen auf die vorbereiteten Bleche setzen. Etwas flach drücken und im vorgeheizten Ofen 10 Minuten backen, bis die Plätzchen am Rand leicht gebräunt sind. Einige Minuten auf den Blechen abkühlen lassen, dann auf ein Kuchengitter heben und vollständig erkalten lassen. Mit dem restlichen Teig ebenso verfahren.

Für den Schokoladendip die Schokolade mit Sahne und Likör in einer hitzebeständigen Schüssel auf ein Wasserbad setzen (Schüssel und Wasser dürfen keinen Kontakt haben) und unter gelegentlichem Rühren schmelzen. Noch warm zu den Haselnusszungen servieren.

In einem luftdicht schließenden Behälter halten sich diese Plätzchen bis zu zwei Wochen.

Erdbeerkissen

ERGIBT 18 STÜCK

150 g Weizenmehl
90 g kalte Butter, gewürfelt
90 g Schmand
2 TL fein abgeriebene Zitronenschale
80 g Erdbeerkonfitüre
1 Ei, leicht verquirlt
1 EL Puderzucker, zum Bestäuben

Zwei Backbleche mit Backpapier belegen. Mehl und Butter in der Küchenmaschine mit der Pulse-Funktion zu groben Krümeln verarbeiten. Schmand und Zitronenschale zufügen und rasch zu einem Teig verarbeiten (nicht zu lange rühren!). Den Teig auf einer leicht bemehlten Arbeitsfläche zu einem Kreis formen, in Frischhaltefolie einschlagen und 30 Minuten im Kühlschrank ruhen lassen.

Den Backofen auf 200 °C vorheizen. Den Teig auf einer leicht bemehlten Arbeitsfläche 3 mm dick ausrollen und mit einem gewellten Teigrädchen in Quadrate mit 6 cm Kantenlänge schneiden. Die Teigreste zusammenkneten, neu ausrollen und weitere Quadrate ausschneiden. Je einen ¾ Teelöffel Konfitüre in die Mitte der Teigquadrate setzen. Die Teigränder mit den Fingern mit Wasser befeuchten. Die Teigquadrate zusammenklappen und an den Rändern mit einer Gabel zusammendrücken. Die Kissen mit Ei bestreichen. Auf die vorbereiteten Bleche setzen und im vorgeheizten Ofen 13 Minuten backen, bis die Kissen leicht gebräunt sind. Einige Minuten auf den Blechen abkühlen lassen, dann auf ein Kuchengitter heben und vollständig erkalten lassen. Mit Puderzucker bestäuben.

In einem luftdicht schließenden Behälter halten sich diese Plätzchen bis zu fünf Tage.

Doppelkekse mit Schokofüllung

ERGIBT 20–24 STÜCK

250 g Weizenmehl
30 g Kakaopulver
200 g kalte Butter, gewürfelt
100 g Puderzucker
2 Eigelb, leicht verquirlt
einige Tropfen Vanillearoma

Füllung
100 g Zartbitterschokolade, gehackt
1 EL Zuckerrüben- oder heller Sirup
25 g weiche Butter

Den Backofen auf 200 °C vorheizen. Zwei Backbleche dünn einfetten. Mehl und Kakao in eine Schüssel sieben und die Butter hineinreiben, bis eine feinkrümelige Masse entstanden ist. Den Puderzucker darübersieben. Nach und nach Eigelb und Vanillearoma einarbeiten, bis ein weicher Teig entstanden ist.

Den Teig auf einer leicht bemehlten Arbeitsfläche zu einem 4 cm × 6 cm × 26 cm großen Block formen, in Frischhaltefolie einschlagen und 30 Minuten im Kühlschrank ruhen lassen. Den Teig in 40–48 etwa 5 mm dicke Scheiben schneiden. Die Plätzchen in großen Abständen auf die vorbereiteten Bleche setzen und im vorgeheizten Ofen 10 Minuten backen. Einige Minuten auf den Blechen abkühlen lassen, dann auf ein Kuchengitter heben und vollständig erkalten lassen.

Für die Füllung die Schokolade in einer hitzebeständigen Schüssel auf ein Wasserbad setzen (Schüssel und Wasser dürfen keinen Kontakt haben) und unter gelegentlichem Rühren schmelzen. Die Schüssel vom Herd nehmen und Sirup und Butter in die Schokolade rühren. Etwas abkühlen lassen, dann 10 Minuten in den Kühlschrank stellen, bis die Masse eine streichfähige Konsistenz hat. Die Plätzchen mit der Schokoladencreme zusammensetzen.

Gefüllte Plätzchen sollten möglichst am Tag der Zubereitung verzehrt werden. Ungefüllte halten sich in einem luftdicht schließenden Behälter bis zu drei Tage.

ISBN: 978-3-572-08124-0

Originaltitel: Indulgence Cookies - A fine selection of sweet treats

Umschlaggestaltung: Atelier Versen, Bad Aibling
Rezepte: Lee Currie und die Murdoch Books Versuchsküche
Fotos: Bret Stevens
Foodstyling: Lynsey Freyer
Layout: Reuben Crossman, Melanie Ngapo
Projektleitung: Anja Halveland
Herstellung: Elke Cramer

Realisation der deutschen Ausgabe:
trans texas publishing, Köln
Übersetzung: Lisa Voges, Ravensburg

Satz: trans texas publishing, Köln
Druck: Mohn media Mohndruck GmbH, Gütersloh

Printed in Germany

FSC
www.fsc.org
MIX
Papier aus verantwortungsvollen Quellen
FSC® C011124

Verlagsgruppe Random House FSC® N001967
Das für dieses Buch verwendete FSC®-zertifizierte Papier *Profimatt* wurde produziert von Sappi Ehingen.

1. Auflage

Murdoch Books UK Limited
Erico House, 6th Floor
93–99 Upper Richmond Road
Putney, London SW15 2TG
Phone: +44 (0) 20 8785 5995
Fax: +44 (0) 20 8785 5985
www.murdochbooks.co.uk

A catalogue record for this book is available from the British Library.
Colour separation by COLOUR CHIEFS PTY LTD
Printed by 1010 Printing International Limited in 2008.
PRINTED IN CHINA.

Verlag und Stylistin bedanken sich bei Anibou, Australian Salvage Company, Crowley & Grouch, Domayne Design, Empire Homewares, Koskela, Miljo, Mokum Textiles und Tres Fabu! für die Bereitstellung von Utensilien für die Aufnahmen in diesem Buch.

ACHTUNG: Kinder, ältere Menschen, Schwangere, Kranke und Rekonvaleszenten sollten auf Speisen mit rohen oder nur leicht gegarten Eiern verzichten, da die Gefahr einer Salmonellenvergiftung besteht.

HERD UND OFEN: Je nach verwendetem Herd- und Ofentyp können die Garzeiten variieren. Bei Verwendung eines Umluftherds sollten Sie die im Rezept angegebene Temperatur um 20 °C reduzieren.